大展好書 好書大展

大展好書 好書大展

命理與預言30

# 諾米空秘咒法

馬克・矢崎／著
李 久 霖／譯

大展出版社有限公司　印行

## 前言……現在證明猶太願望達成與末世救世的最後禁書

在天地創造的遠古時代，被光神封住的黑暗衆神，現在隨著封印鬆脱，而給我們罪惡的耳語。這個暗示黑暗衆神會再次降臨大地，同時也是暗示末世即將來臨的禁書，就是『諾米空秘咒』。這個末世是由黑暗衆神之血製造出來的，於人類血中所隱藏的罪惡溫床中誕生。而此陰謀正順利地發展著。

『諾米空秘咒』中所表現的罪惡封印解除時期的暗示，與諾斯特拉達姆斯的預言，以及占星術的深義等等所有神秘學的文獻完全一致。在本書中，攙雜我個人的意見，為各位敍述末世來訪的過程。

有生則有死，有創造則有破壞。這是創造新世界的宇宙輪迴法則。

我們在即將逼近的末世審判中，能夠免於再度復甦的安格爾莫亞大王可怕災禍的方法，全都寫在『諾米空秘咒』中。而我確信這個『諾米空秘咒』，是記錄能夠使我們人類殘存於末世的衆神智慧的「生命之書」。

獲得本書，並真正瞭解書中所記述衆神智慧的你，才是在末世經由衆神審判後保證能進入理想王國的人類，也是在審判後才會登場的新人類的父母。你利用本書來達成目前的願望，當然是很好的，事實上本書也存在這樣的意義。但是，我想如果把它當成以備來日之需的救世書，一定也能發揮其效力。

本書在執筆時，調查有關拉布克拉夫特之死與『諾米空秘咒』的背景時，發現到有一派隱瞞書中詛咒的陰謀而意圖只想使自己的民族生存發展，使我感受到生命的危險。

如果我能夠逃避這些魔徒之手，免於拉布克拉夫特的悲劇，則能夠與擁有本書的你，在審判後的伊甸園再會。

最後，對於創造秘法衆神姿態的漫畫作者，以及在翻譯這些魔法資料時給予我身心最大支持的伙伴，表達我由衷的謝意。

馬克・矢崎

# 目錄

前言……現在證明猶太願望達成與末世救世的最後禁書……三

序　章　何謂諾米空秘咒

被禁的秘咒法

1現在解除封印的秘法諾米空……一二
2諾米空秘咒的斷章中所記載的秘密……一五
3隱藏於諾米空秘咒的可怕陰謀……二〇
4諾米空秘咒是世紀末最大的福音書……二六

第一章　成就戀愛的秘咒法5

諾米空秘咒

和你喜歡的對象戀愛成熟的秘咒法……三四

讓對方愛你的秘咒法……三八
了解喜愛對象心意的秘咒法……四二
隨心所欲喜愛對方的秘咒法……四六
爭吵的戀人重修舊好的秘咒法……五〇

## 第二章 開運秘咒法9

### 諾米空秘咒

召喚財運秘咒法……五六
實現願望秘咒法……六〇
預知未來的秘咒法……六四
使不可能變成可能的秘咒法……六八
使不幸變成幸運的秘咒法……七二
得到成功的秘咒法……七六
驅逐惡靈的秘咒法……八〇
解除魔咒的秘咒法……八四
切斷罪惡誘惑的秘咒法……八八

## 第三章　使人際關係順利的秘咒法10

諾米空秘咒
了解他人秘密的秘咒法……九四
不受騙的秘咒法……九八
消除他人嫉妒的秘咒法……一〇二
詛咒殺害他人的秘咒法……一〇六
自由操縱他人命運的秘咒法……一一〇
博得他人信賴的秘咒法……一一四
得寵於長輩的秘咒法……一一八
向遠方的人傳達心意的秘咒法……一二二
使家庭圓滿的秘咒法……一二六
戰勝爭執的秘咒法……一三〇

## 第四章　改變自我的秘咒法9

諾米空秘咒

揚起勇氣的秘咒法……一三六
創造決斷力的秘咒法……一四〇
創造判斷力的秘咒法……一四四
增強意志的秘咒法……一四八
發揮才能的秘咒法……一五二
提高潛能的秘咒法……一五六
切斷迷惘的秘咒法……一六〇
消除憂鬱的秘咒法……一六四
消除悲傷的秘咒法……一六八

## 第五章　完成工作的秘咒法5

諾米空秘咒
使工作進展順利的秘咒法……一七四
使工作輕鬆進行的秘咒法……一七八
彌補錯誤的秘咒法……一八二
得到所需情報的秘咒法……一八六

產生新構思的秘咒法……一九〇

第六章　保持健康的秘咒法7

諾米空秘咒
使身體強壯的秘咒法……一九六
掌握壽命的秘咒法……二〇〇
增強性能力的秘咒法……二〇四
使頭腦聰明的秘咒法……二〇八
治療憂鬱的秘咒法……二一二
逃脫不治之症的秘咒法……二一六
奪取他人元氣的秘咒法……二二〇

第七章　操縱自然的秘咒法5

諾米空秘咒
召喚死者的秘咒法……二二六
破壞所有事物的秘咒法……二三〇

自由操縱水的秘咒法……二三四
求雨的秘咒法……二三八
使草木順利成長的秘咒法……二四二

# 序章

# 何謂諾米空秘咒

## 被禁的秘咒法

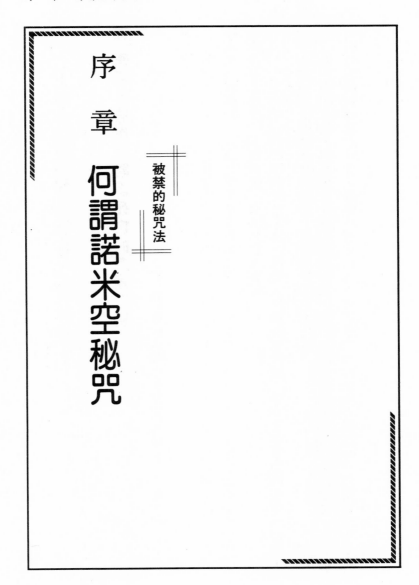

# 1 現在解除封印的秘法諾米空

## ◇使超自然作家離奇死亡的謎團咒法

二十世紀初期，以古代衆神抗爭或法術為題材，表現出一種獨特敍事詩作風的超自然作家出現了。

那就是H・P・拉布克拉夫特。他的作品與其他的科幻作家一樣，充斥著來自宇宙的侵略者或奇怪衆神，以及怪異的法術紋章和咒文，而現在被稱為克里特爾里特爾神話的他的一連串作品的根底，卻隱藏著一貫大的法術體系。

一九三七年，他的體溫異常下降，同時，持續昏睡狀態，受到不明原因的疾病所侵襲，似乎很多的超自然作家都是如此，迎向最奇怪的死亡期。

他的晚年作品，與其說是衆神的雄壯姿態，還不如說是描繪出可怕怪物的恐懼。由於這不明原因的可疑死亡，使人謠傳他可能是與一些超乎想像的惡魔力量有關，因受到詛咒而死亡的。

在他死後，很多的超自然作家們想要瞭解在其作品根底中所描繪的大魔力，而導致他死亡的神秘魔法體系，因此，開始研究他的作品。

## ◇在暗地裡存在的猶太秘密結社組織共濟會

經由研究發現了很多的事實，也就是在他作品根底的神秘法術體系，據說是來自於誕生史上最初文明的美索不達米亞地方流傳，以巴比倫和索馬利亞附近的神話或傳承為基礎，在五世紀到八世紀時，成為阿拉伯系統魔法書的一種，在十六世紀中葉，由伊麗莎白王朝的魔法研究家約翰迪翻譯成英文的諾米空秘咒（死亡名稱之書）的這一部魔法書中。

拉布克拉夫特的父親溫菲爾德拉布克拉夫特，是猶太魔法秘密結社組織共濟會埃及分部的會員，而拉布克拉夫特經由其父親的管道，得到共濟會法術深義的一部分，也就是諾米空秘咒，這個事實已非常的明顯了。

但是，拉布克拉夫特自己似乎並沒有直接參與共濟會，所以，對於實際的諾米空秘咒的重要性和隱密性並不瞭解，只是基於自己的興趣而持續研究，將其秘密納入自己的作品中罷了。

但是，如此做卻使他喪失了生命。他也許是侵入魔法深義最深處的危險領域中，或是共濟會害怕這一神聖深義被暴露而對其進行某種咒術鎮壓，而使得拉布克拉夫特留下許多的疑問而不自然的死去。

## ◇諾米空秘咒是神傳給世人之書

使拉布克拉夫特迎向死亡的不祥書籍諾米空秘咒，到底是什麼東西呢？

將諾米空秘咒翻譯成英文的約翰迪認為，諾米空秘咒的誕生，是來自於美索不達米亞文明的中心地古巴比倫。

建立偉大巴比倫帝國的美索不達米亞之地，當地的女孩非常美麗。傳說天上衆神之國降臨的艾諾克等天使，想要來到地上和這些美女結婚。

約翰迪根據這些傳說，說明艾諾克天使傳給衆人諾米空秘咒，讓巴比倫人擁有文明，並且得知在天上存在著引導衆人的神。

# 2 諾米空秘咒的斷章中所記載的秘密

## ◇不只是關於邪惡舊統治者的記述

由約翰迪所翻譯的諾米空秘咒的原典，在七三〇年時，由大馬士革的瘋狂詩人阿布德爾亞爾哈札德加以收集編撰而成。在九五〇年時，翻譯成希臘文，後來也被翻譯成各種的語文。根據內容敍述，我們現在所居住的地球，在人類誕生之前，來自遙遠宇宙那一端的可怕邪神們，就已經統治了地球。

被稱為統治者的這些人，因討厭太陽光，而以黑暗覆蓋整個地上，使得大地上的綠樹枯萎，各種的生命也被火所阻絕，地上遂成為魔神居住的黑暗冰大地。

看到這些惡業的衆神們，便起來向這些橫暴的統治者挑戰，並將這些可怕的統治者封閉在時間的彼端。當時倒下的統治者之血，誕生了人類，而使地上的各種生命再度地被創造出來。

被衆神封閉的古代統治者，現在仍然潛藏在某些地方，等待再次統治地上的機會。同時，也使用他們的怪力，在各地引起戰爭，而使我們人類及地球本身走向毀滅。

本書以比喻的方式，暗示統治者力量增強的時期，並記錄了引出魔力的各種魔法，也記錄了解除衆神封印呼喚統治者的方法，甚至也有預言暗示，統治者會再次出現在地上，統治整個大地。但是，遺憾的是，本書在約翰迪翻譯時，不知道是有意還是無意，總之，已經遺失了這些記錄，使得關於統治的敍述，以及召喚統治者的複雜黑魔術的方法敍述成為斷章，而擊退舊統治者的衆神及其力量與方法，事實上，已無法得知了。

除了這個諾米空秘咒斷章以外的記述，還有近年日本翻譯的拉布克拉夫特，及受其影響的作家們編撰的克・里特爾・里特爾神話，有興趣的人可以閱覽。

但是，在書中所敍述的召喚惡魔的方法，各位絕對不要施行，這是我對各位提出的強力忠告。

## ◇何謂邪惡舊統治者的召喚法

在諾米空秘咒的記述中，有一些令我們恐懼的敍述。也就是說使遙遠古代地上荒廢的統治者的靈魂，迄今仍然棲息著，具有為我們帶來不幸的力量。同時，也有預言暗示這個力量會再度增強，統治者也會再次於地上復甦。

在諾米空秘咒當中，記錄了應該召喚統治者的統治者力量強大的時期，以及選擇日子進行儀式的方法。要進行解除被封住的統治者之封印儀式，必須要注意星辰的交叉、天體的動態，以及力量流入的季節和時刻。

第一咒法，亞札特特的召喚，要選擇太陽神阿波羅（太陽）入宮牡羊座、獅子座、射手座的時期，以及亞爾提米斯（月亮）失去光輝，戰神馬爾斯（火星）遇到時間神克羅諾斯（土星）的時期。

第二咒法，約格索特特的召喚，則是在天上的獅子（獅子座）遇到阿波羅的收穫季（八月一日）的晚上進行。

第三咒法，哈斯特爾的召喚，則應該在阿波羅入宮於水瓶座，同時學問之神海爾梅斯（水星）在獵戶座的彼端，描繪出調和角度（獵戶座在金牛座的附近，調和角度是占星術的調和角度一二〇度）的聖燭祭（二月二日）的晚上進行。

第四咒法，克里特爾里特爾的召喚，則應該在阿波羅命令天蠍（天蠍座）暗殺奧利安的汚穢萬聖節晚上進行。這時，只要無損於亞爾提米斯的光輝，則力量更為強大。

第五咒法，糾布尼格拉特的召喚，則是阿波羅對奧利安放出毒蠍子的四月三十日晚上進行。全部的祈禱，應該在可怕者復甦的十字架節（九月十四日）再進行一次。

按照這個儀式的順序，調查適合決定條件的日子，發現從約翰迪將本書翻譯成英文的十六世紀開始至今，一共發生五十次。而令我們記憶猶新的，就是在十四紀以後，已經重複出現九次的戰爭。在其周期出現了日俄戰爭、的里波里戰爭、第一次世界大戰、原子彈爆炸、韓戰等諸多腥風血雨的事件。

而這個不祥的周期，今復將會在本世紀末的一九九六年到一九九九年再次出現。與諾斯特拉達姆斯的大預言等加以對照時，發現被封在時間彼端的衆神出現，正好符合這個周期，的確令人感到不安。

## ◇斷章的部分記述些什麼

諾米空秘咒所記述的不祥統治者魔力增強的周期，以及其復活的時候，就是我們應該要逃走的時候。

最近，紐約東方教會的主教西蒙，發表新的諾米空秘咒的英文翻譯本，這與約翰迪所翻譯的諾米空秘咒不同，記述了新的衆神名稱。

他所翻譯的這本書，是在九世紀初期用希臘文寫成的書籍。因此，可能是約翰迪所翻譯書的原典。

在書中記述光神與黑暗神作戰以後，萬物重生，終於光神打倒了黑暗之神的領導者，而與其他殘存的黑暗衆神和合，在地球上誕生了人類。

甚至連管理地上的環境、氣象與誕生人類或動植物的衆神組織，都加以詳細的描述，也記述了向衆神傳達願望的手段，也就是各種的記號與話語，同時記述衆神的名稱，當成魔法儀式。

也就是說，封住不祥統治者的衆神召喚法與逃離不祥魔力的方法，在書中都有敍述。不過，我認為這應該就是諾米空秘咒的斷章部分。

# 3 隱藏於諾米空秘咒的可怕陰謀

## ◇為什麼會有兩個諾米空秘咒存在呢

約翰迪所翻譯的諾米空秘咒，以及西蒙所發現的新諾米空秘咒，似乎都隱藏著可怕的陰謀。

如果說諾米空秘咒是對我們人類抱持好意的神的技術，為什麼神還留下已經將其封閉於時間彼端的統治者封印的解除秘法呢？為了避免使人類再度遭遇不幸，封住統治者的衆神，對於才剛誕生的幼小人類，應該不會流傳這種危險的方法才對。假設要流傳類似的方法，應該也是將封印鬆脫的統治者魔力增強的危險時期，比喻成星星的流動或季節轉換等自然現象，提醒人們注意而已。

那麼，為什麼衆神辛辛苦苦封閉的不祥統治者的解放秘法（裏秘法）會出現，到底是誰想出來的呢？而另一種祈求衆神救助的方法（表秘法）的敍述部分，為什麼被隱藏起來了呢？

## ◇不斷被隱藏的表秘法

最近，英國的超自然研究家發現了頗耐人尋味的事情，也就是在他們所研究約翰迪留下的文書當中，出現了似乎是相當於他所翻譯的諾米空秘咒的斷章部分的文獻。

我們可以推測，這些文獻幾乎都是他經由天使艾諾克的敍述，而以超越一百個艾諾基安塔布雷特魔法暗號盤的形態表現出來，並由一些勉強的補充記錄而寫下的諾米空秘咒。

發現這個文獻的英國魔法研究家，試著去解答暗號，而這個文書的艾諾基安塔布雷特，較之以往他所使用保持重要秘密的暗號相比，顯得非常的複雜仔細，即使是使用最新的電腦技術，也要花一年以上的長時間才能解讀。

一直被隱瞞的這個諾米空秘咒文章，的確是與西蒙所翻譯的文章具有同樣的內容。而其中所出現衆神的名稱或咒文的內容，與開頭所敍述的拉布克拉夫特的作品都相同。

為什麼約翰迪在諾米空秘咒中並沒有敍述這些文章呢？他又為什麼要執意加以隱瞞呢？難道拉布克拉夫特沒有辦法在其作品中描繪這些隱瞞的文章嗎？

## ◇隱瞞諾米空秘咒的共濟會

將拉布克拉夫特與約翰迪兩者聯想，就會讓人浮現起先前所敍述的共濟會選民思想團體。這個共濟會宣稱，在耶穌基督誕生以前，他們就已經擁有衆神所傳授的石造建築的技術，而在環繞阿拉伯圈的各國各地建築神殿等。

這個技術，可能是衆神的智慧技術。而或許這個神殿建築的特殊立場與各國衆神的秘密或宗教的深義有著密切的關係。而當地的民族可能只由傳承的敍事詩當中學會了各種技術。

在所謂的共濟會深義當中，包括金字塔的儀式，獅身人面像的儀式，或是愛希絲的儀式等等與埃及有關的儀禮祭典，都在文藝復興時期以後的魔法研究家所寫的文獻中加以敍述。

但是，看聖經中的出埃及記，就可以瞭解到，猶太人與埃及並不是十分友好的，應該說猶太人是埃及祖先憎恨的敵人。

事實上，在許多的宗教糾紛當中，引發了中東的多起戰爭。

那麼，為什麼基於猶太選民思想而成立的共濟會，會舉行這些儀式呢？其關鍵就在於出埃及記中所敍述的，遠古時代埃及人所盜取的猶太秘法的敍述內容。

猶太的人民們現在仍然認為自己是衆神所挑選、衆神傳授智慧，以及在衆神審判後，只有自己的民族能夠統治人類，並在地上建立王國的特權民族，一直抱持著這種選民的思想。也就是說，不只在遠古的猶太或巴比倫，而在與文明發生有密切關聯的各國殘存的衆神記錄，猶太人民仍然相信這都是衆神所給予自己的。

也就是說，在埃及流傳的衆神記錄，尤其是死者靈魂再生的魔法等技術，猶太人認為這是永遠生命的存在，也是衆神在王國建立後給予自己的特權，認為這是只有自己才能夠獨享的秘法。

事實上，現在片斷存在的猶太隱瞞的神秘思想卡巴拉中，大都可以見到這一類世界各地的宗教痕跡。而他們藉著如此龐大的資料，成立基督教或回教的基礎，並建立猶太神秘學及精神性。

而在埃及得到的魔法深義，應該就是讓被衆神封住的統治者再次復甦的秘法。

## ◇利用諾米空秘咒計畫世紀末嗎？

那麼，為什麼如此危險的手法，他們還要流傳下來呢？難道是想借自己之手，再興起罪惡城市的悲劇，或者是諾亞洪水嗎？

那麼，為什麼歷史並沒有按照預言發展呢？如果真如預言所說的，那麼被衆神所挑選的自己，應該借自己之手製造最後審判的事實，而借著自己能夠逃離魔掌的秘法存活下來，建立以後的王國。也就是說，得到解毒劑的人，可能更會施毒，的確瀰漫了這種令人很不舒服的陰謀氣氛。

我並非想在此攻擊猶太人所建立的共濟會組織。事實上，他們也溶入我們這些異民族中，以全球性的視野來對待我們。

但是，自文藝復興以後，在歐洲成立組織的由卡里歐斯特洛所建立的一部分團體，卻使用政治、經濟、宗教等打算建立自己的王國。

這是引發第二次世界大戰的關鍵，納粹與希特勒的思想，事實上，的確是受到共濟會選民思想與魔法的極大影響。

## ◇希特勒也害怕諾米空秘咒的魔力

根據近年納粹研究發行刊物中，說明希特勒也是著名的超自然家，包括共濟會在內，與玫瑰十字軍交流，統帥國民，但是，也進行一種魔法術的儀式。希特勒的日耳曼民族的第三帝國思想與猶太的選民思想，似乎如出一轍。

或許，一開始希特勒就為猶太的超自然傳承及其選民主義所深深傾倒。而藉著猶太的超自然力量，也就是利用他們的力量，打算建立第三帝國。

但是，希特勒得到了總統主導權，藉著共濟會的力量，鞏固了大型軍備及獨裁的地位之後，卻突然背判猶太人，而進行大屠殺。

那麼，為什麼他要如此執著的要屠殺猶太人呢？難道是受了什麼威脅嗎？人類在面臨大恐懼時，就會表現出平常令人難以想像的殘暴。當這種恐懼愈大時，就會對敵人的身體產生殘暴的報復，希特勒的大屠殺就是一種精神恐懼所造成的。

例如，由共濟會所傳承下來的秘義力量非常強大，而希特勒也確信這是事實的話，那麼，他才能夠利用這個力量向世界挑戰。然而，一旦傳承秘義的猶太人對希特勒而言已經成為無用的存在時，則其在達成稱霸世界的心願以後，可能會害怕猶太人滅掉自己的日耳曼民族。這也可以說是一種勝利者的恐懼。

以希特勒的立場來看，他使用由衆神所挑選的民族力量稱霸世界，然後，自己再抹殺這個被衆神所挑選的民族而取而代之，這可能就是他的計算吧！

但是，希特勒的計畫很明顯的是一個失算。就好像猶太商人夏洛克成為成功的威尼斯商人一樣，共濟會也不是好惹的。

表面上看起來，好像他們在援助納粹，但是，事實上當時建議納粹進攻的關係者，據說是俄國和英國。

在探討共濟會的書籍當中，讓我們瞭解到，建立近代共濟會基礎的卡里歐斯特洛，也與成為蘇維埃社會主義基本的共產主義的草稿有關。當時，共濟會潛藏於緊迫的社會情勢中，從政治、經濟、宗教各方面，找尋建立自己王國的機會。而被納粹背叛的共濟會，最後倒向聯合國。

## 4 諾米空秘咒是世紀末最大的福音書

### ◇可怕的統治者復活是一九九九年嗎？

第二次世界大戰，令人回想起罪惡城市的悲劇，而在人類使用最初的原子武器之後，留下令人不忍卒睹的恐懼而閉幕了。

但是，如諾米空秘咒中所敍述的，不祥的統治者還會出現。那麽，這個可怕的統治者什麽時候會復活呢？

如果擁有更大的野心，而且就只有一次機會的話，通常想要達成願望，就必須要配合各種條件，在所有要件都齊備的時期，才能夠完成計畫。而這個條件齊備的時期，可能就在本世紀末。

在長久歷史中，共濟會以龐大的規模，在世界各地傳承神所傳達的深義書。而許多預言家則以深義中所隱藏的秘法，當成預言的基礎。而他們和其他的預言家一樣，認為人類的末日以及最後審判到來的日子，以宗教的觀點來看，就在一九九九年八月的某一天。而事實上，諾米空秘咒中所記載的儀式到來的不祥周期，就在一九九六年到一九九九年。

諾斯特拉達姆斯大預言中說的安格爾莫亞大王復甦、哈爾馬基頓活雨降臨的末日，到底是什麼情形呢？

難道諾米空秘咒中所記載的這個不祥統治者，就是安格爾莫亞大王嗎？而在遙遠的往昔，不祥的統治者，為了建立降臨在地上以後他們容易居住的環境，使整個地上的生命之火消滅，而派遣哈爾馬基頓可怕的惡魔，從遙遠的星辰彼端前來毀滅這個大地，而成為火雨降臨到地面嗎？

## ◇什麼時候進行召喚末世的儀式

一九九六年開始的周期，第一儀式亞札特特的召喚，在三月二十一日，月齡為一。這一天正好是春分日，神劃分光明與黑暗，製造出白天與夜晚，也是晝夜時間大致相同的時刻。幾乎是迎向新月的這一天，可以說是很適合召喚討厭光的不祥統治者到來的日子。

這一年的八月一日，是舉行第二儀式召喚約格索特特的不祥收穫季。這一天是舉行麵包彌撒儀式的日子，比喻成膜拜基督的聖體，嘴巴吃著象徵其肉體的麵包，進行收穫的感謝祈禱。而這一天召喚的約格索特特，到底想要收穫些什麼呢？如算命紙牌死神牌所表現的，這個時期與太陽同時出現的獅子座的天上大鐮刀，會砍向我們人類吧！

第三儀式是在翌年一九九七年二月二日的聖燭祭進行。這一天是舉行聖母瑪麗亞光彌撒的日子，在各地的天主教教會祭壇，會點亮很多的蠟燭，進行讚美將光明送給人類的聖母瑪麗亞的儀式。而在這天晚上，在這地上的一角，可能會舉行將罪惡之子哈斯特爾送到世間的儀式吧！

第四儀式克里特爾里特爾的召喚，則在同年十月三十一日群魔徘徊的不祥夜，也就是萬聖節的晚上舉行。月齡為○。在諾米空秘咒中所敍述魔力最強的時期，就在此時。在夜晚的城鎮中，與南瓜燈籠的妖怪混合在一起，來自黑暗王國的克里特爾里特爾回來了嗎？

第五儀式糾布尼格拉特的召喚，是在翌年一九九八年四月三十日進行，不祥群魔會圍住火光，在黑夜舉行這個儀式。在歐洲，據說這天晚上群魔會聚集舉行彌撒。這天晚上的彌撒，對魔女而言，是最快樂的事情吧！

第六儀式則是在這一年的九月十四日十字架節舉行。成為對神贖罪，象徵基督教的十字架，在被不祥統治者之手污染時，全部的不祥儀式結束。如聖經啟示錄所敍述的，審判的第六喇叭在此吹響，而在此剩下的就是已經成就復活的統治者的降臨了。

而到最後審判第七喇叭時，從最初的儀式進行的一九九六年三月開始算起，就在過了四十二個月以後，也就是啟示錄預言異邦人踐踏聖都的二十二個月之後，在一九九九年八月會舉行。

這個一九九九年八月十七日，以占星術的觀點來看，是最惡劣的角度——大十字角度，也就是除了冥王星以外，對所有的星而言，是最不祥的日子。這不正是諾斯特拉達姆斯預言世界末日到來的一九九九年的第七個月嗎（諾斯特拉達姆斯時代的陰曆與陽曆有一個月誤差）。而在他生存的時代還沒有發現冥王星，因此，可以說他當時預言，正是對所有的星而言，都是不祥的角度。

幾年前的行星直列引起大騷動，以地球為中心，太陽系的行星排列成十字時，行星間的引力會使地球產生某些變異。尤其是大氣層或海洋的水，以及地下的流動物質等，可能都會產生極大的危險。

## ◇大十字角度時封印解除

大十字角度，在啟示錄中也有暗示性的敍述出現。在第四章中神御座的四個生物，是獅子、公牛、人和鷲。而這一次在大十字角度出現的星座，則是鷲在黃道水瓶座附近的鷲座，而如果人在天蠍座附近時，則這個大十字角度配置的星座就正好吻合了。

算命紙牌的第二十一張牌為世界紙牌，請各位看一下。在前面所敍述的啟示錄敍述中，背部擁有六根羽毛的生物，正好在紙牌的四角。正如在第十二章的敍述中一樣，描繪出帶著表示太陽的羽毛環，腳踩月亮，孕育新基督的聖母像。

算命紙牌在其寓意畫中表現出古代的秘法。最後的第二十一張牌則表現衆神再度降臨到世界，這一連串的紙牌圖畫，描述走向世界末日的過程。而算命紙牌的第一張牌是描繪出造成世界末日關鍵的人物，亦即魔法師。暗示藉著這些施行諾米空秘咒的魔法師之手，會走向世界末日之路。

無論是在諾斯特拉達姆斯的預言，或是聖經的啟示錄中，都描繪在審判場面中出現獅子和火雨。暗示世界末日的一九九九年十一月十二日，會出現著名的獅子座大流星群，那是每三十三年會出現一次的時刻。而這個獅子座流星群，從天上大鐮刀的圓弧口，好像火雨般的降下。在諾米空秘咒的敍述當中，也說明這個獅子座大鐮刀的圓弧中心，就是約格索特特及亞札特特的邪惡心靈根源。

如果藉著大十字角度的群星引力，而使得包圍地球的大氣層散落，同時，大流星群出現時……。流星就好像小的宇宙之魔穿越地球大氣而在地球上燃燒。如果地球的大氣散落而進入流星群魔塊中，則……。不是流星，而是隕石、火雨會降落地球。

誕生後一定有毀滅到來，建設後一定會有破壞出現，只是時間的早晚而已，但終究是會到來。

就像諾米空秘咒所記述的人類誕生歷史一樣，神會再度降臨到地上，再度封住邪惡的統治者，從流在大地的犧牲者的血中創造新人類吧！

但是，自己引導出審判到來，並使用魔法的人民，真的能夠在審判時重生，成為新人類的父母，而在這地上建立王國嗎？

在啟示錄中神敍述著，我是$\alpha$、我是Ω……，所以神降臨時，就是某些事物結束，某些事物新生的時期。

## ◇光諾米空秘咒是在世界末殘存的五十秘咒法

先前敍述人類即將面臨的末日，如果說約翰迪所翻譯的裏秘法是引導末日到來的書，則西蒙所翻譯的表秘法則是使我們能在末日時殘存的光書。

神在遙遠的古代所封住的不祥統治者，現在在黑暗中躍躍欲動，想要找尋復活的機會。這時，隨著封印鬆脫，就會將魔力逐漸釋放到表面，而使我們人類走向毀滅之路。

神藉著星星的配置，告訴衆人不祥統治者魔力及封印鬆脫的時期。同時，也留給我們人類保衛自身免於魔力破壞的手段，也就是向衆神力量祈禱的魔法訊息，以及與衆神進行意思溝通的咒文。

但是，不祥統治者的魔掌，的確是包圍著我們。根據諾米空秘咒的敍述，哪怕是與朋友之間的摩擦，或是不小心所遭遇的意外事故，全都是由於統治者的罪惡根源所造成的。為了避免這些事態所造成的不幸，在秘法中也記述了五十位衆神的名稱。

## ◇五十秘咒法是開啟你的夢想與未來的關鍵

稍後為各位介紹光諾米空秘咒的五十衆神的名稱與咒法，為了讓讀者能夠在日常生活中活用，因此，是以西蒙翻譯的諾米空秘咒的記述為基礎，以現代的方式來重新加以解釋。同時，也附帶其他魔法書的記述，為各位介紹能夠引出強大力量的方法。

如果你因為某些不祥的力量而變得不幸，或者你想借助神的力量達成自己的願望時，相信接下來為你介紹的五十神一定能夠幫助你。

在面臨人類最終的審判時，利用本書一定能夠藉著衆神的力量保護你。為什麼呢？因為將自己引導到末世的愚蠢魔法師們，就是藉著這個光諾米空秘咒來保衛自己的。

即將到來的一九九九年的末日，為了防範人類跌入毒洪流中，希望本書能夠成為各位的解毒劑。

來自黑暗國度復甦的邪惡統治者，被衆神滅亡之後，也將成為新人類的父母，請累積神所挑選的善行。因為縱使能夠達成自己的願望，而如果讓不祥統治者復甦的人——愚蠢的魔法師們，即使能夠逃離統治者的魔掌，真神也不會饒恕他的。

藉著擁有本書的你，創造新人類。這一點各位一定要牢記在心。在另一個世界中創造衆神給予我們的和平無污染的伊甸園。如果我沒有遭遇到像拉布克拉夫特悲劇的話，到時候我會和各位在伊甸園相會。

# 第一章　成就戀愛的秘咒法5

## 諾米空秘咒

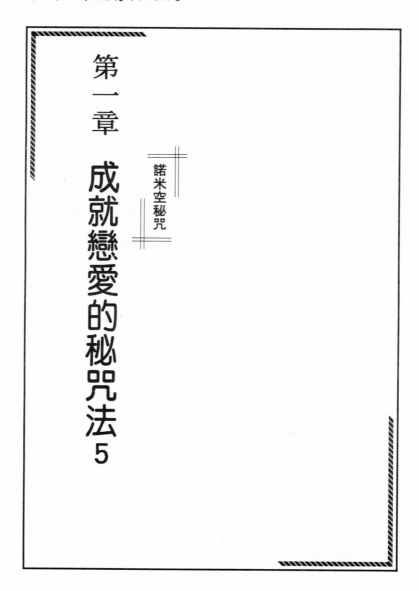

# 和你喜歡的對象戀愛成熟的秘咒法

精靈 安比爾魯古加爾

戀 I

## 諾米空秘咒《第二十六節》

ネクロノミコン《第二十六節》

汝(なんじ)、恋しき者ありてその者との恋を育まんと欲すれば、エンビルルグガルの力借りるべし。

エンビルルグガルすなわち農耕の神にして、ものごとの十三カ月分の実りの糧(かて)をわずか一月にて与えうる大いなる力を有する神なれば、その力もはや植物の実りにとどまらず、あらゆるものごとの発展繁栄に大きくかかわる精霊なり。

汝、その力借りんと欲すれば、秘なる方術をもって呪文を唱うべし。

汝の植えたる種子たちまち育ちて花開き、汝の恋実らん。

### ※解說

如果現在你喜歡某人，而你想和這個人戀愛成熟，想要博得對方的好感，就要借助安比爾魯古加爾的力量。

安比爾魯古加爾是古代掌管農耕的神，而這個力量不僅止於植物的生長，也是能夠給予所有事物成長與發展的力量。

召喚此神，認真地對祂訴說熱情，積極展現行動，則能使兩人的關係逐漸發展並開花結果。

| SPIRIT（精　靈） | SPELL（咒　語） |
| --- | --- |
| ENBILULUGUGAL | AGGHA |

EMBLEM（紋　章）

我所愛的阿休貝爾……
我的思念該如何讓他知道呢……
戀愛的少女，對我傾訴吧……
我是里比爾魯古加爾，是掌管所有發展與繁榮的精靈，唸以下的咒語來傳達妳的願望吧！賜給妳力量的咒語是「AGGHA」

## 召喚法＜秘術＞

**①選日子**

可以看報紙的天氣預報欄的月齡或日曆等，找出新月到滿月的新月夜。

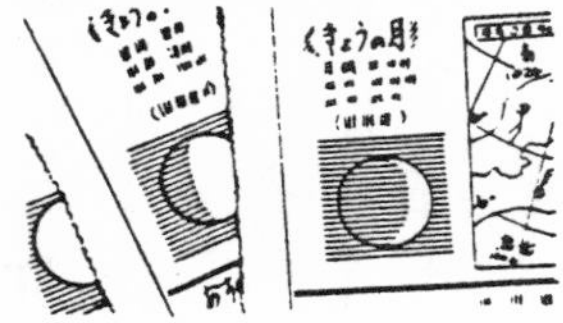

**②描繪魔法圓**

在庭院中能夠照射到較潔月光的地面上，用樹枝等描繪安比爾魯古加爾的魔法圓。

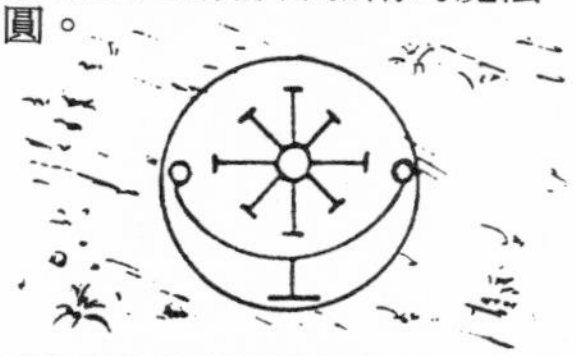

**③播種**

在魔法圓的中央挖個洞，種植配合時節的花草種子。

**④唸咒語**

單腳踩在種植種子的泥土上，抬頭仰望天空，並唸咒語ＡＧＧＨＡ，傳達願望。

# 讓對方愛你的秘咒法

精靈

## 海加爾

戀 II

ネクロノミコン《第二十七節》

汝、恋しき者ありて汝の情けを受け入れさせんと欲すれば、ヘガルの力借りるべし。

ヘガルすなわち農耕の支配者にして、地上の農耕の知恵と地下に眠りたる気高き金属の在りか示したり。

また、ヘガルの力とユダヤの金星の天使ハギエルの愛の力を合わせ用うれば、男女の情けをかよわしむる力現すなり。

汝、これらの力現さんと欲すれば、秘なる方術をもって呪文唱うべし。

汝の願いたちまち叶えらるるものなり。

諾米空秘咒《第二十七節》

### ※解說

如果你喜愛的人遲遲不肯表明態度，或是對你不屑一顧，那麼不妨借助海加爾的力量。

海加爾是支配大地與農耕的神，也是會帶來收穫與繁榮的神。

海加爾的力量和自古在猶太傳承愛的天使哈基耶爾的力量相結合，就能使眾人意識到做愛與結婚，為人類帶來繁榮。

只要召喚這些神，對方的心就能為你所有。

| SPIRIT（精　靈） | SPELL（咒　語） |
| --- | --- |
| HEGAL | BURDISHU |

EMBLEM（紋　章）

我們想要孩子……
……
向海加爾神祈求吧！
偉大的大地支配者及愛的天使啊！請將我們的願望傳達給海加爾神知道，BURDISHU

## 召喚法＜秘術＞

**①找尋白鴿子的羽毛**

在公園或鴿子聚集的場所找尋白羽毛。

**②寫魔法文字**

用白鴿的羽毛沾綠色油性奇異墨水，寫下如圖所示的魔法文字。

**③描繪魔法圓**

朝對方住家方向的天空畫海加爾的魔法圓。

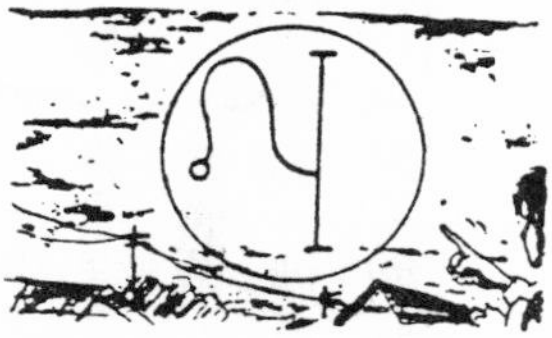

**④唸咒語**

朝對方住家的方向唸咒語「ＢＵＲＤＩＳＨＵ」，傳達你的願望。

# 戀Ⅲ

## 精靈 魯加爾德爾馬

# 了解喜愛對象心意的秘咒法

ネクロノミコン《第三十八節》

汝、恋しき者の心の真実をおしはからんと欲すれば、ルガルドゥルマーの加護を願うべし。ルガルドゥルマーの支配せしむる天上界、人人の心につながりて、夢の扉を通し互いに行き交うことのできる世界なり。

よって、生ける者の隠せしあらゆる思慮を明らかにせしむる力有するなり。

汝、ルガルドゥルマーの力借りんと欲すれば、秘なる方術をもって呪文を唱えよ。

しかるのち相手のことを思いて眠りにつくべし。汝、夢の中にてその者の誠さとるなり。

諾米空秘咒《第三十八節》

## ※解說

如果你愛某人，卻不知他的心意如何，則可以借助魯加爾德爾馬的力量來了解對方的想法。

魯加爾德爾馬是支配天界的精靈，會透過夢而進入人類的心中，了解人心中的真實，也能將某人的意志傳達給對方知道。

你可以借助這個精靈的力量，在夢中進入對方的心中。

| SPIRIT（精　靈） | SPELL（咒　語） |
| --- | --- |
| LUGALDURMAH | ARATAAGARBAL |

EMBLEM（紋　章）

ARATAA……
ARATAAGARBAL
ARATAAGARBAL

## 召喚法＜秘術＞

**①手指星星**

在萬里無雲滿天星星的夜晚，站在視野良好的地方，用右手指著自己正上方的星星。

**②在空中描繪魔法圓**

用指星星的手在空中畫魯加爾德爾馬的魔法圓。

**③唸咒語**

抬頭仰望天上的星星，唸咒語「ＡＲＡＴＡＡＧＡＲＢＡＬ」，傳達你的願望。

**④心中想著對方入睡**

躺在床上，心中想著對方入睡。

# 隨心所欲喜愛對方的秘咒法

精靈

伊爾金格

戀 IV

ネクロノミコン《第四十三節》

汝、恋しき者の心をあやつりて、その身も心も真に我がものとせんと欲すれば、イルキングの力を借りるべし。

イルキングすなわちマルドゥクなる精霊とともに、悪しき支配者を倒し、この地上に人類を誕生せしめたる精霊なれば、その力によりて、あらゆる者の心と体を縛るはいとやすきことなり。

汝、この力借りんと欲すれば、秘なる方術をもって呪文を唱うべし。

汝の願いたちどころに叶うなり。

諾米空秘咒《第四十三節》

## ※解說

如果你想要自由地喜歡你所喜愛對象的身體，想奪去對方的抵抗心，希望他接納你，則可以借助伊爾金格之力。

伊爾金格是使人類誕生的神，故利用其力，能使人類隨心所欲。

如果你希望得到自己所愛之人的身心，則務必要向伊爾金格訴說自己的願望。

不可以欺騙伊爾金格。

| SPIRIT（精　靈） | SPELL（咒　語） |
| --- | --- |
| IRKINGU | BARERIMU |

EMBLEM（紋　章）

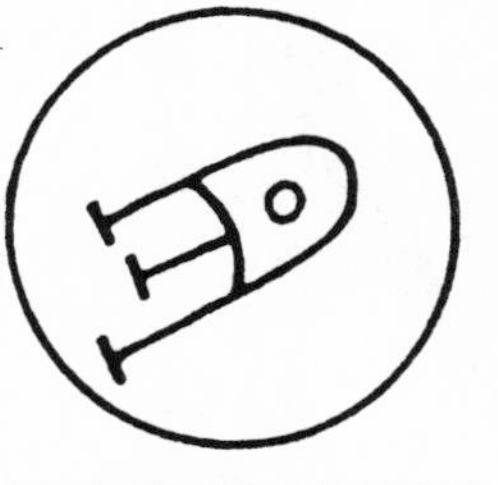

我難過極了，我真的很喜歡他
哈哈哈！原來妳也到了這個年紀了……
伊爾金格……
婆婆教妳吧！
召喚伊爾金格神，借助祂的力量
BARERIMU
BARERIMU

## 召喚法＜秘術＞

**①畫紋章**

在凌晨2點，使用魚或動物的血在白紙上畫伊爾金格的紋章。

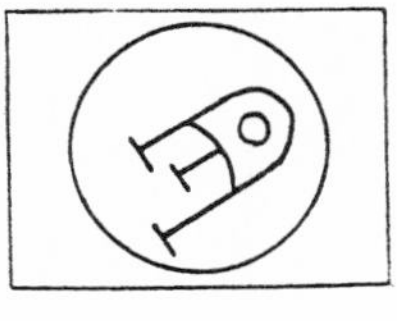

**②唸咒語**

將紋章貼在牆壁上，點燃2支蠟燭，唸咒語「ＢＡＲＥＲＩＭＵ」，傳達願望。

BARERIMU……請賜給我力量

**③面對鏡子瞑想**

如果感受到精靈的存在，則對著鏡子瞑想。在眼瞼深處描繪出愛人的姿態。

**④看鏡子**

結束瞑想後，張開眼睛凝視鏡子，如果出現精靈的姿態，則向祂訴說你的願望。

提姆娜
很久以前，我就愛上妳了

# 爭吵的戀人重修舊好的秘咒法

精靈

吉希

戀V

✠ネクロノミコン《第十九節》

汝、恋しき人と誤解もち、わだかまりて、その心くもりしとき、ジジの名を呼びて、誤解のとけるを祈るべし。

ジジすなわち愛と調和の精霊にして、その昔神々が光と影とに別れ争いしとき、神々の誤解ときて、宇宙に平和をもたらせし神なり。

よって、人々のかたくななるこだわりの心の扉開きて、和合円満をもたらしむるものなり。

汝、ジジの力引き出さんと欲すれば、秘なる方術をもって呪文唱うべし。ふたりの仲たちまち和合し、まどかなるなり。

諾米空秘咒《第十九節》

## ※解說

如果與伴侶之間有誤會或爭吵，或夫妻之間的爭執想要重修舊好，則可以借助吉希的力量。

吉希是將光與影、善與惡、表與裡相反的事物結合為一的愛與調和的神。

當人類誕生於大地時，吉希對人類行使男與女、生與死、信賴與背叛等與人類感情或宿命中相反事項有關愛的力量。

相信你們一定能夠重修舊好。

| SPIRIT（精　靈） | SPELL（咒　語） |
|---|---|
| ZISI | MASHINANNA |

EMBLEM（紋　章）

啪！
……尤巴爾！
我不想再見到妳！
你誤會我了，我是這麼……
「MASHI NANNA MASHI……
尤巴爾召喚精靈吉希，唸咒語努力地祈禱

## 召喚法＜秘術＞

**①找尋分叉樹**

在森林或公園找尋分叉樹。

**②描繪魔法圓**

在樹的根部，以樹為中心畫吉希的魔法圓。

**③綁上鈴與絲帶**

在樹幹上用綠色的絲帶右枝綁金鈴，左枝綁銀鈴。

**④唸咒語**

搖晃樹幹的根部，鈴響時唸咒語「MASHINANNA」，傳達願望。

# 第二章　開運秘咒法9

## 諾米空秘咒

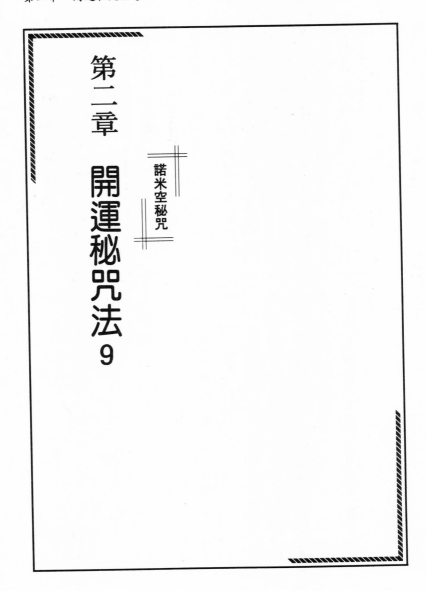

# 召喚財運秘咒法

精靈

吉克

開運 I

ネクロノミコン《第十五節》

汝、多くの財宝を手に入れ、この世の富と栄華を謳歌したいと欲すれば、ジクの力を借りるべし。

ジクすなわちこの地上のあらゆる隠されし物のありかを知りたる精霊なれば、汝の願い真にジクに伝わりしとき、汝の身近に隠されし財宝のありか汝に知らしめ、富と栄華を与うるなり。

汝、ジクの力借りんと欲すれば、秘なる方術をもって呪文唱うべし。

されば汝、ジクの幸運を一身に受けて、この世の富思うがままなり。

諾米空秘咒《第十五節》

## ※解說

如果你現在有金錢方面的苦惱，或是想要找尋賺錢的門路，抑或是希望得到一些意外之財，則可借助吉克之力。

吉克是能夠了解所有隱藏在大地事物的精靈，當然知道被埋藏的寶藏。在古埃及享盡榮華富貴的所羅門王，也經常使用這個秘術召喚吉克，得到無窮的財富。

你也可以借助吉克的力量得到一筆意外之財。

| SPIRIT（精　靈） | SPELL（咒　語） |
| --- | --- |
| ZIKU | GIGGIMAGANPA |

EMBLEM（紋　章）

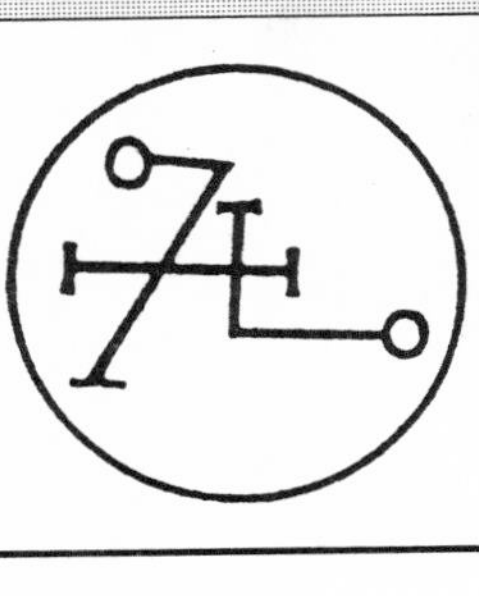

如果你想要擁有很多的財寶，享有如猶太所羅門王般的榮華富貴
那麼你就必須借助吉克精靈的力量
LES VÉRITABLES
CLAVICULES
DE SALOMO
沒錯！
哦！你能夠召喚吉克精靈嗎？
GIGGIMAGANPA

## 召喚法＜秘術＞

**①站在高台上**

在早晨太陽未升起時，站在能見東方地平線的高台，或是大廈的屋頂。

**②描繪魔法圓**

用樹枝、粉筆等在腳邊的大地或大廈的屋頂畫吉克魔法圓。

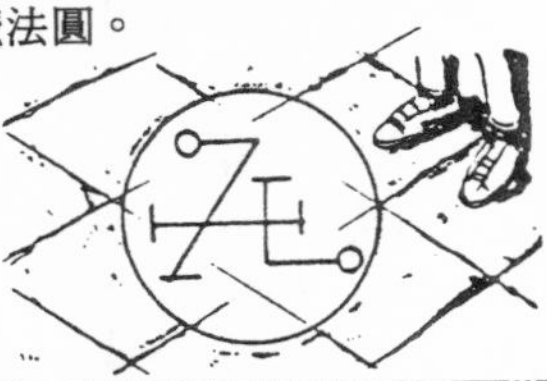

**③沐浴陽光**

站在魔法圓的中央，全身沐浴在從東方地平線升起的陽光中。

**④唸咒語**

全身沐浴在升起的陽光中，並且唸咒語「ＧＩＧＧＩＭＡＧＡＮＰＡ」，傳達願望。

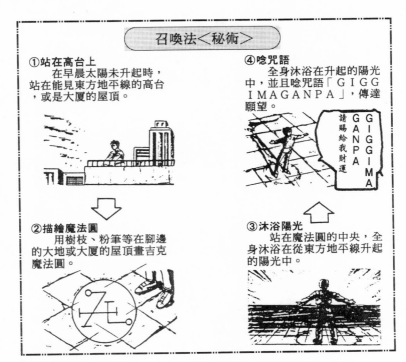

開運 II

精靈

# 亞加克

# 實現願望秘咒法

✠ネクロノミコン《第十六節》

汝、心のおもむくままに、くさぐさの願望成就せしめんと欲すれば、アガクを召喚すべし。

アガクすなわち古来よりの神々、天使、精霊、妖精の力、およびユダヤの奥義なるカバラの魔力を支配せしむる精霊なれば、汝に力を与え、その願いたちまち叶えさするものなり。

諸々の司祭ならびに魔術を志す者、古来よりアガクと深く交流をもちて、奇跡行いたり。

汝、アガクの力借りんと欲すれば、秘なる方術をもって呪文唱うべし。強き魔力により汝の願い叶わん。

諾米空秘咒《第十六節》

## ※解說

如果你現在有想要實現的夢想或願望，則可以借助亞加克的力量。

亞加克是掌管存在於這個世界的神奇力量及魔力的精靈。

古代的祭司或魔術師們都與這個精靈保持來往，借助其力而產生各種奇蹟。

你也可以召喚這個精靈，得到自己想要的東西。但是，不可貪心，只能求取一樣東西。

SPIRIT（精　靈）

AGAKU

SPELL（咒　語）

MASHGARZANNA

EMBLEM（紋　章）

誰能治好國王的病
交給我吧……
「MASHGARZANNA」

## 召喚法＜秘術＞

**①作護符**

在紙上畫六角星，中央寫下你的願望。

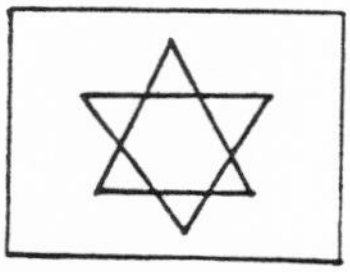

**②作祭壇1**

在黑色絨布中央，用金線繡出較大的亞加克紋章。

**③作祭壇2**

將②的絲絨攤在桌上，紋章的中央放著護符，左右配置蠟燭焚香。

**④祈禱**

唸咒語「MASHGA RZANNA」，傳達願望，將魔力灌注到護符中。

# 預知未來的秘咒法

精靈

## 糾金納

開運Ⅲ

✠ネクロノミコン《第十四節》

汝、今日の我に迷いて、明日の我が身知らんと欲すれば、ジウツキンナを召喚すべし。

ジウツキンナすなわち宇宙の法則たる星々の流れ司りし精靈なれば、その流れの中に在りしこの地上のあわゆる運命を計り知りたる力有するなり。

いにしえより多くの者、この力によりて宇宙の法則および運命を計りし法授かりし。

汝、ジウツキンナの力借りんと欲すれば、秘なる方術をもって呪文唱うべし。汝、運命の計りし法授かりて、明日の姿予感せるなり。

諾米空秘咒《第十四節》

### ※解說

如果你想知道自己未來的姿態與將來和戀人之間的關係，則可以借助糾金納的力量。

糾金納是掌管宇宙法則與星星流動的精靈，具有依照宇宙法則得知我們人類以及大地所有事物未來的力量。

召喚精靈，訴說願望，你就能夠心平氣和進行瞑想。心中即能浮現出對未來的預感。

| SPIRIT（精　靈） | SPELL（咒　語） |
| --- | --- |
| ZIUKKINNA | GIBBILANNU |

EMBLEM（紋　章）

叫預言者亞克梅德來！
亞克梅德啊！我們的船果真沒希望了嗎？
您找我嗎……
真實的王啊！在我們的前方有新世界在等待著我們……
我們的神是這麼說的，「GIB BILANNU」
最後船會隨著南風漂浮而……

## 召喚法＜秘術＞

**①爬上高處**

在沒有月亮的星光燦爛之夜，登上住家附近最高處。

**②用小石頭描繪紋章**

在該處將小石頭排列出糾金納紋章。

**③仰望星空**

站在用小石頭排列出的紋章中，雙手上舉，抬頭仰望星空。

**④唸咒語**

朝著在自己正上方燦爛輝煌的星星唸咒語「ＧＩＢＢＩＬＡＮＮＵ」，進行祈禱。

GIBBIL
ANNU
請告知我的未來

喂！
看見
島嶼了！

# 使不可能變成可能的秘咒法

精靈　基爾

開運 IV

ネクロノミコン《第三十節》

汝、何かを望みて、すべなく途方にくれしときは、ギルに道をたずねよ。

ギルすなわちこの世に存在せしむる全てのものの最初の種子を蒔きし神なれば、赤茶けた砂漠に一面緑のおおうごとく、あらゆる希望なきものに希望の種子を蒔きて、汝のなすすべなきあらゆる現状に希望と可能性を与うるものなり。

汝、ギルの力借りんと欲すれば、秘なる方術をもって呪文唱うべし。

ギルたちまち汝の明日に、希望の種子蒔きに来たりて、汝の未来開きたまいぬ。

諾米空秘咒《第三十節》

## ※解說

如果你在工作、戀愛、人際關係等方面處處碰壁，進退兩難，則可以借助基爾的力量。

基爾是供給這個世間所有物質的種子之神，在物質方面，掌管穀物的收穫，以及利用種子的植物繁殖。

同時，也支配人或動物的子孫繁榮，創造使所有事物發生的命運關鍵。

基爾當然能為你的明日帶來希望之光。

| SPIRIT（精　靈） | SPELL（咒　語） |
|---|---|
| GIL | AGGABAL |

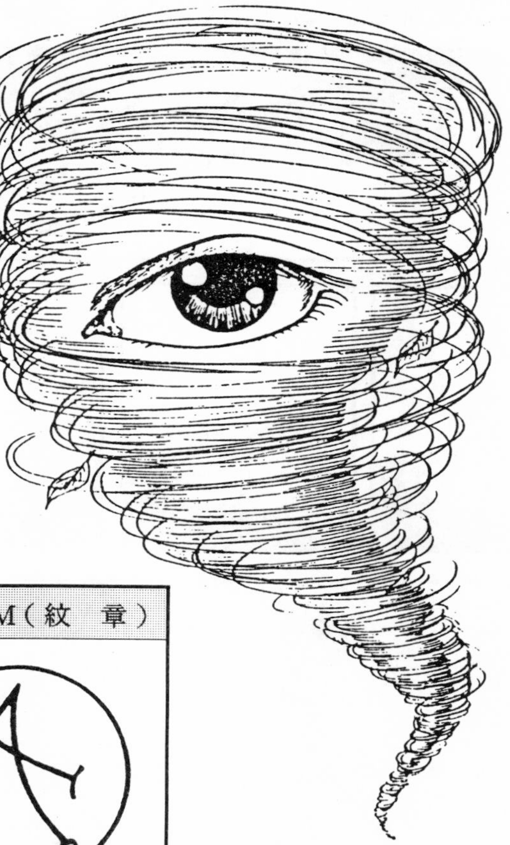

EMBLEM（紋　章）

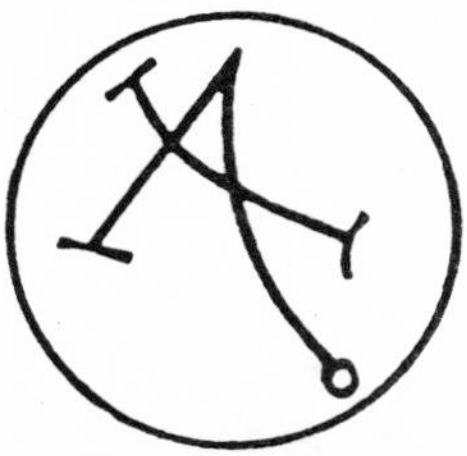

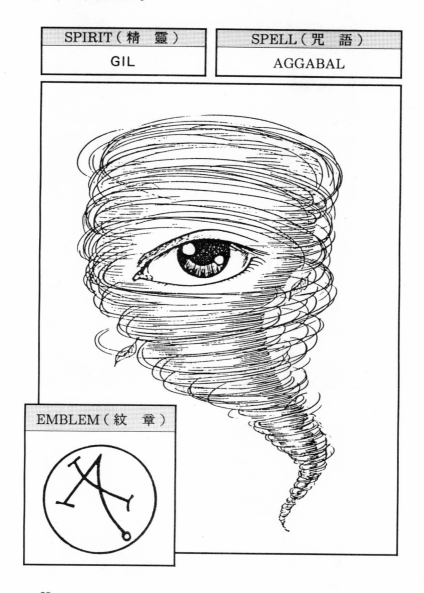

「A……」
「GGA……」
「BAL……」
「AGGABAL」

## 召喚法＜秘術＞

**①埋橄欖**
在廣大的大地挖個洞，埋下3顆綠橄欖。

**②描繪紋章**
在埋橄欖的大地撒上麵粉，畫基爾的紋章。

**③挖土**
進入基爾紋章的圓中，抓一把腳邊的土。

**④唸咒語**
讓泥土慢慢地從手中滑落，並且唸咒語「ＡＧＧＡＢＡＬ」，傳達願望。

開運V

精靈
金馬

# 使不幸變成幸運的秘咒法

ネクロノミコン《第四十四節》

汝、おのれの生まれし星のもと恨みて、神々の定めし運命に不服ありと感じたるときは、キンマを召喚すべし。

キンマすなわちネクロの神々の長にして、神の審判者なる精霊なれば、汝に苦悩与えせしめ、あるいは　との契り守らざりき神々のことごとくを戒めるなり。

汝、キンマを召喚せしめんと欲すれば、秘なる方術をもって呪文唱え、汝の嘆きを訴え祈るべし。キンマ汝の心をくみて、しかるべき神々に其を伝えたり。

諾米空秘咒《第四十四節》

## ※解說

如果你因為自己的不幸而憎恨命運，希望得到開運的方法時，則可以借助金馬的力量。

金馬是秘法衆神的長老，監督衆神，發揮正確作用的精靈。

原本神與人類的契約，就是只有人類相信衆神，神才能夠永久保護這個大地與人類。而金馬經常化成風來進行審判。

相信你的不幸一定能夠得到改善。

| SPIRIT（精　靈） | SPELL（咒　語） |
| --- | --- |
| KINMA | ENGAIGAL |

EMBLEM（紋　章）

神喲……
人生為何如此痛苦呢？
雖然我不知道自己的命運終將如何，但是，神哪……請給我等待的希望，為何國家如此不安，為何人民如此悲傷呢？
ENGAIGAL

## 召喚法＜秘術＞

**①描繪魔法圓**

登上朝西方展開的山丘或大廈，在地面上用白沙畫金馬的魔法圓。

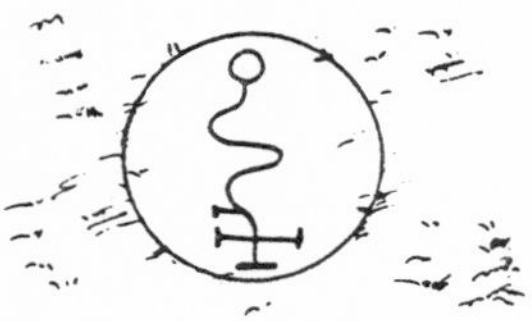

**②等待夕陽西沉**

進入用白沙畫成的魔法圓中，等待夕陽西沉。

**③作十字架**

在夕陽西沉到西方地平線的最後時刻，面對光芒，攤開雙手，以身體作出十字架。

**④唸咒語**

雙手攤開唸咒語「ＥＮＧＡＩＧＡＬ」，向衆神訴說你的願望。

# 得到成功的秘咒法

精靈　西夏爾

開運 VI

ネクロノミコン《第四十八節》

汝、何かの野望を企てて、その野望を達成せんと欲すれば、アシャールを召喚すべし。

アシャールすなわち神々の参謀にして、諸々の知識にたけ、地上のあらゆる情報をその手中ににぎりたる精霊なれば、汝の野望を成功に導きたるさまざまな知恵を汝に授け、幸運をもたらすなり。

汝、アシャールの力借りんと欲すれば、秘なる方術をもって呪文を唱うべし。

汝の心のうちにアシャール汝の名をささやきて、汝にその力貸し与うるなり。

諾米空秘咒《第四十八節》

## ※解說

如果你野心勃勃，希望工作或某些計畫得到成功，則可以借助亞夏爾的力量。

亞夏爾了解地上與宇宙所有的情報，這個力量超越時空，能了解過去與未來的情報。

如果想獲得成功，則可以由亞夏爾傳授給你各種知識，給予你得到成功的建議與協助。

| SPIRIT（精　靈） | SPELL（咒　語） |
| --- | --- |
| ASHARRU | BAXTANDABAL |

EMBLEM（紋　章）

國王說要在這個地上建立新都
但是城在何處，道路要如何通行較好呢……
我請教亞夏爾好了
BAXTAN DABAL
BAXTAN……
城往那邊去
道路由東往西可通耶路撒冷

## 召喚法＜秘術＞

**①站在叉路上**

在滿月高掛天空之夜，站在叉路上。

**②描繪魔法圓**

在分岐點的腳邊，用棒子等物描繪亞夏爾的魔法圓。

**③雙手遮住月亮**

用雙手遮住高掛在天空的滿月，以雙手的拇指和食指作成圈。

**④念咒語**

從雙手作成的圈中看月亮，並且唸咒語「ＢＡＸＴＡＮＤＡＢＡＬ」，傳達願望。

# 驅逐惡靈的秘咒法

精靈

## 馬爾茲克

開運 VII

ネクロノミコン《第三節》

汝、邪悪なるものにまとわりつかれて、生活およびその生命の脅かされしときは、マルツックの力を借りるべし。

太古の昔、この地上を作りしネクロの神々、暗き星辰のかなたより降臨したる邪悪なる神々と戦い、マルツックついに時のかなたの暗黒のほら穴に邪悪なる神々を閉じ込め、アーラの封印をもってこれを封じぬ。

汝、マルツックの力得んと欲すれば、秘なる方術をもって願いを唱えよ。汝をまどわす邪悪なるもの滅ぶなり。

諾米空秘咒《第三節》

### ※解說

如果你被惡靈包圍，或為不知名的東西所困擾時，則可以借助馬爾茲克的力量。

在古代衆神作戰時，馬爾茲克為懲罰將大地變成黑暗世界的邪惡衆神，而使用亞拉封印將惡神趕到時空夾縫，為正義之神。

被邪靈包圍、罹病或發生意外事故，抑或瀕臨死亡邊緣時，在馬爾茲克的幫助下，能使你毫不畏懼地面對邪靈。

SPIRIT（精　靈）

MARUTUKKU

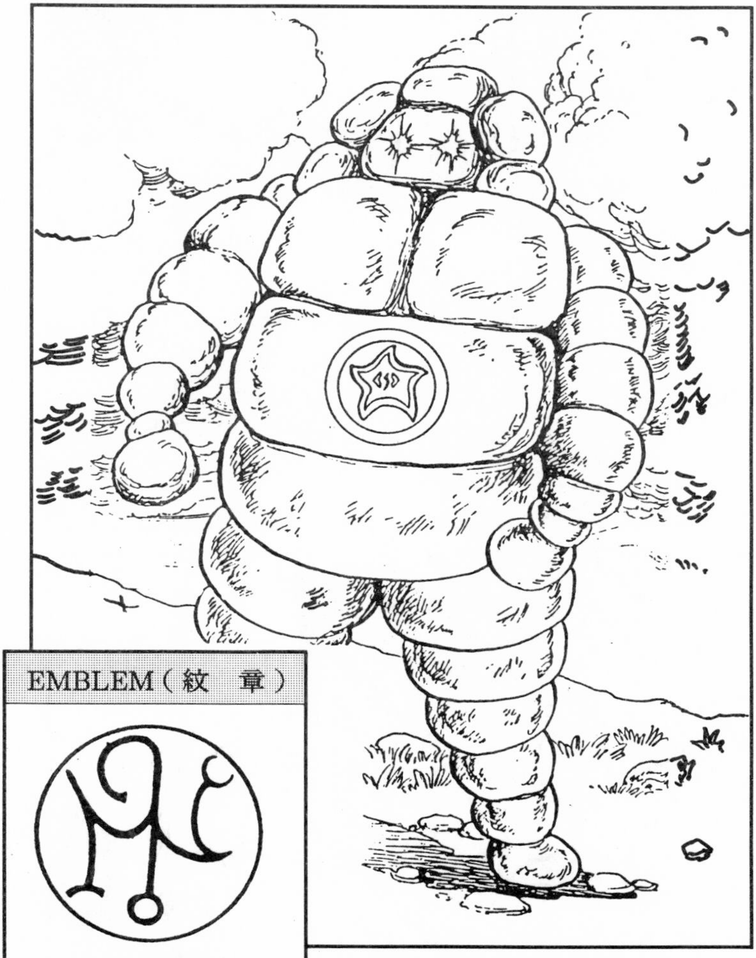

EMBLEM（紋　章）

啊！
這種情形已經持續多日
嗯！畫亞拉封印和馬爾茲克紋章吧！
女兒好像被惡魔附身，請救救她吧！
為女兒祈禱吧！

## 召喚法＜秘術＞

**①描繪亞拉封印**

在紙上畫出如圖所示的亞拉封印，數目為你房間出入口或窗子數。

**②貼亞拉封印**

在你房間全部的窗子或門上貼上亞拉封印。

**③描繪紋章**

在房間地板上用白色粉筆描繪馬爾茲克的紋章，進入其中。

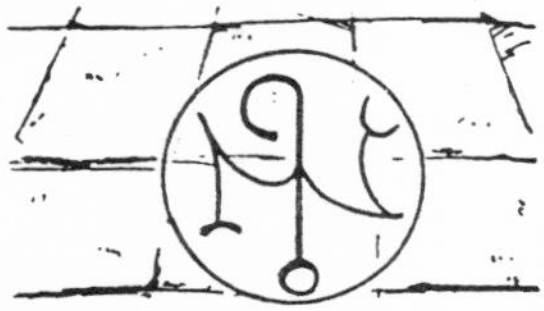

**④訴說願望**

在午夜零時關掉房間的燈光，唸馬爾茲克之名，並且訴說願望。

# 解除魔咒的秘咒法

精靈

## 亞沙爾魯德

開運 Ⅷ

ネクロノミコン《第七節》

汝、人に恨み受け、あるいは呪いかけられ、その身の不調、あるいは身辺にて諸々のまがごと起こりたれば、すみやかにアサルルドゥを召喚すべし。

アサルルドゥすなわち森羅万象の神々の監督者にして、神々の長老より命令を受けし諸々の精霊たちの長なれば、アサルルドゥ炎の剣ふるいて、その不正および怠惰をただすなり。

汝、アサルルドゥを召喚せんと欲すれば、秘なる方術をもって呪文を唱え、礼拝すべし。汝にかけられし呪いただちに解かれん。

諾米空秘咒《第七節》

### ※解說

如果你覺得被別人憎恨，或是知道實際被詛咒時，則可以借助亞沙爾魯德的力量。

本來，神就是保護人類，幫助大地或人類的發展。

因此，當你受到迫害、詛咒時，則表示某個神使用不當之力，怠忽了守護你的責任所造成的結果。

亞沙爾魯德是衆神的長老，具有監督衆神的責任。亞沙爾魯德會配合你的願望，警戒衆神，使怨恨消除。

| SPIRIT（精　靈） | SPELL（咒　語） |
| --- | --- |
| ASARULUDU | BANMASKIM |

EMBLEM（紋　章）

讓這個國家與國人都受災殃！
亞沙爾魯德神啊！請解救我們，拂去我們眼中的淚水吧！
奉亞沙爾魯德之名
污穢聖靈者，將被這聖劍之火永遠斬斷

## 召喚法＜秘術＞

**①站在高處**

站在四方敞開的山丘頂上或大厦頂上，用小樹枝或粉筆描繪亞沙爾魯德的紋章。

**②進入圓中**

進入亞沙爾魯德紋章的圓中，在其中央朝南坐下。

**③唸咒語**

首先朝向南方的天空，唸咒語「BANMASKIM」，並膜拜。

**④朝四方膜拜**

先朝南再朝北、東、西，依序朝各個方向唸咒語膜拜。

開運 IX

精靈

# 亞拉倫納

## 切斷罪惡誘惑的秘咒法

✠ネクロノミコン《第三十九節》

汝、みずからの悪しきを断ち、邪心を捨て、ひたすら善に帰依せんと欲すれば、アラヌンナに祈るべし。

アラヌンナすなわち人類に知恵を授けし天使エンキのよき相談役なれば、エンキこの地上に戒律を作り、この世に最初の規律をつくりしときに、アラヌンナ善と悪とを分かつなり。

人すなわち善と悪、光と影の調和のどれしもの、真の姿なり。

汝、この神を召喚せしめんと欲すれば、秘なる方術をもって呪文唱うべし。

諾米空秘咒《第三十九節》

### ※解說

如果你覺得自己擁有不好的癖性，或想戒除不良行動時，則可以借助亞拉倫納的力量。

亞拉倫納是具有提高人類心靈理性與秩序的力量之精靈。在古代，衆神作戰之後，和來到地上的天使艾諾克一起給予人類理性和秩序的，就是亞拉倫納。

在召喚這個精靈的同時，要讀聖經詩篇五十一章，唸咒文。

| SPIRIT（精　靈） | SPELL（咒　語） |
|---|---|
| ARANUNNA | ARAMANNGI |

EMBLEM（紋　章）

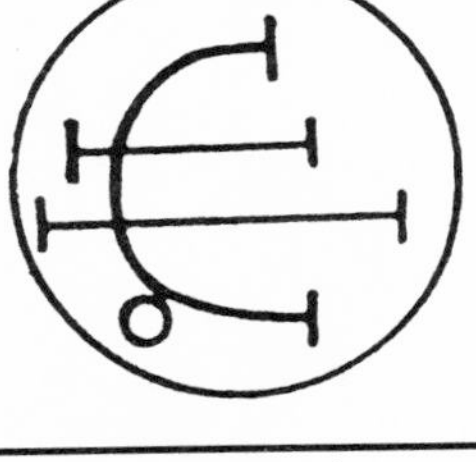

請不要只顧著喝酒，
幫幫我吧！
我不想喝酒，我真的不想喝酒了
畜牲
ARAMANNGI
ARAMANNGI
ARAMANNGI

## 召喚法＜秘術＞

**①作十字架**

清晨太陽尚未升起時，朝向東方的天空插上十字架，在十字架前畫紋章。

**②進入圓中**

太陽自地平線上升，當紋章的中心出現十字架的影子時，站在紋章的中心。

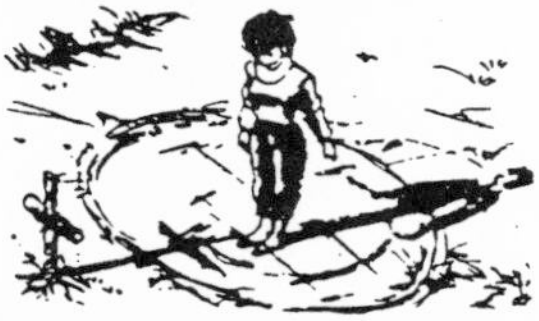

**③讀聖經**

在紋章中讀聖經詩篇51章。

**④唸咒語**

朗讀聖經以後，朝東方天空的太陽唸咒語「ARAMANNGI」，傳達願望

ARAMA
NNGI
請趕走罪惡
、迷惘

你已經戒酒，成為一個勤奮的人了

# 第三章 使人際關係順利的秘咒法10

諾米空秘咒

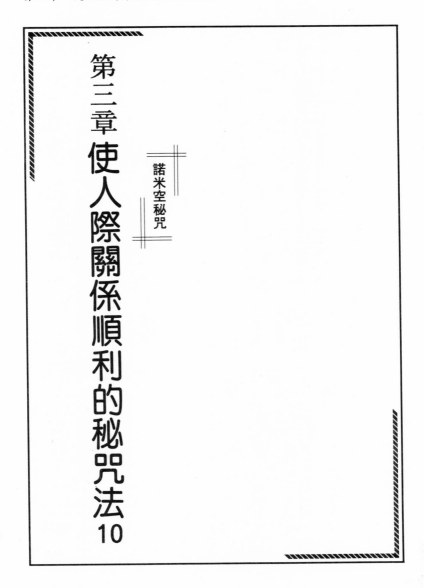

人際關係 I

精靈 馬爾卡

# 了解他人秘密的秘咒法

ネクロノミコン《第二節》

汝、誰にも知られずして、他人の秘密知らんと欲すれば、マルッカを友とすべし。

マルッカすなわちこの世の創成より、宇宙の全てを観察せしむる神なれば、元始より隠されし、あらゆる秘密を握るものなり。

汝、マルッカに頼りしときは、心清らかにして、一切のまがごと、はかりごと、心に思うべからず。そして、秘なる方術をもって願いを唱うべし。汝に微塵もいつわりあらば、マルッカたちまち怒りて、汝の命滅ぼすべし。この戒め夢々忘るべからず。

諾米空秘咒《第二節》

## ※解說

如果你愛對方，想知道對方的秘密，或是因為工作上的必要，而想了解對方隱藏的性格，則可以借助馬爾卡的力量。

馬爾卡是在這個世界誕生時能觀察全宇宙一切的神，祂知道任何的秘密。

召喚馬爾卡，看似容易，卻很困難，因為能夠洞悉一切的馬爾卡，如果你抱持邪念召喚祂，祂當然會知道。

SPIRIT（精　靈）

MARUKKA

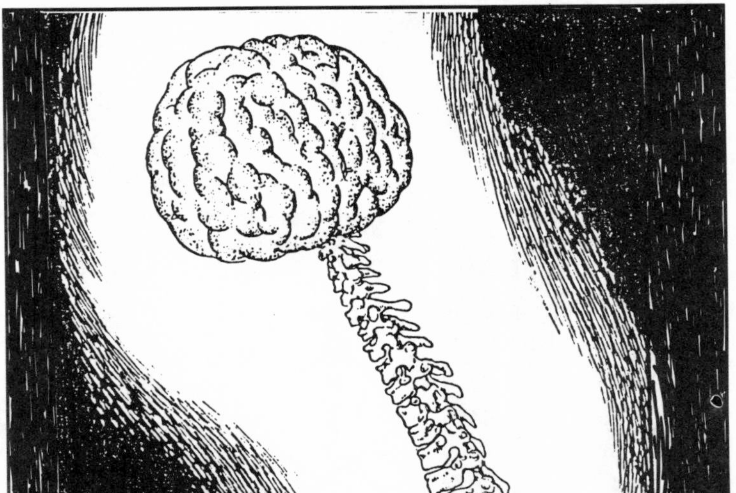

EMBLEM（紋　章）

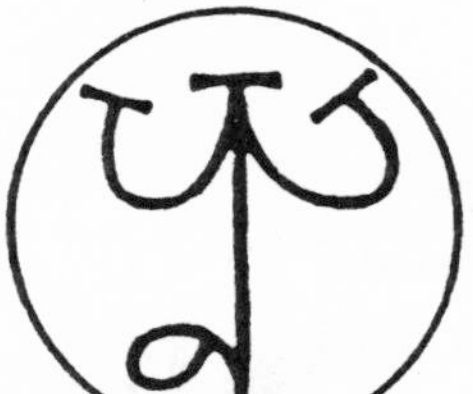

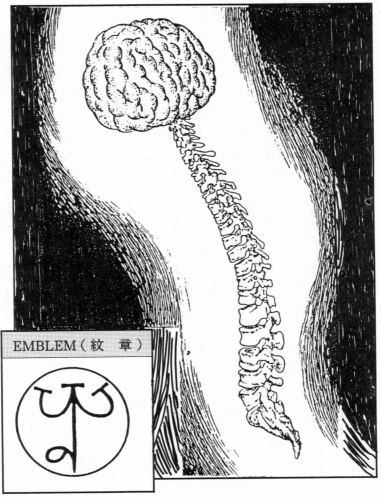

最近鄰國的情形不對勁，商人們也不往來了……
可能有陰謀吧！是否有辦法可以得知呢？
還是請出馬爾卡神吧！
鄰國的人遭可怕疾病的侵襲

## 召喚法＜秘術＞

**①描繪紋章**

用白粉筆在你房間的地板上畫馬爾卡的紋章。

**②進入紋章中**

不必太在意，但是最好站在紋章圓的中央，儘量朝北站立。

**③心無雜念**

心無雜念，最好是進入無念夢想的境界，如果難以辦到，則可在心中默唸幾次自己的名字。

**④希望馬爾卡降臨**

為心中的邪念去除時，就能以純潔之心希望馬爾卡降臨，訴說你心中的願望。

馬爾卡神
請告知○○
的秘密

派遣使者
送藥去，
幫助提爾
特洛王
遵命！

# 不受騙的秘咒法

精靈

## 亞沙爾亞里姆

人際關係 II

※ネクロノミコン《第十一節》

汝、心清くして、他人の偽りごとに惑わされしこと多ければ、アサルアリムと友となりて、その助言受けるべきなり。

アサルアリムすなわち天地創成のとき、神の言葉より生まれし光なる神なり。アサルアリム闇に明かりをともし、万物の姿と影とを分かちて、万物にそのまったき姿を知らしめ、ものごとの正き姿教えるものなり。

汝、アサルアリムの助言求めんと欲すれば、秘なる方術をもって呪文を唱うべし。アサルアリム汝の友とならん。

諾米空秘咒《第十一節》

### ※解說

如果你受到他人的甜言蜜語所迷惑，或者覺得自己因此而面臨危險時，則可以借助亞沙爾亞里姆之力。

亞沙爾亞里姆是在神創造天地時最初從神的話語中產生的光神。

亞沙爾亞里姆能夠傳授你領悟真實的力量，使你的迷惘與疑念煙消雲散。即使你已受騙，祂也可以使一切都變為真實，保護著你。

| SPIRIT（精　靈） | SPELL（咒　語） |
| --- | --- |
| ASARUALIM | BARRMARATU |

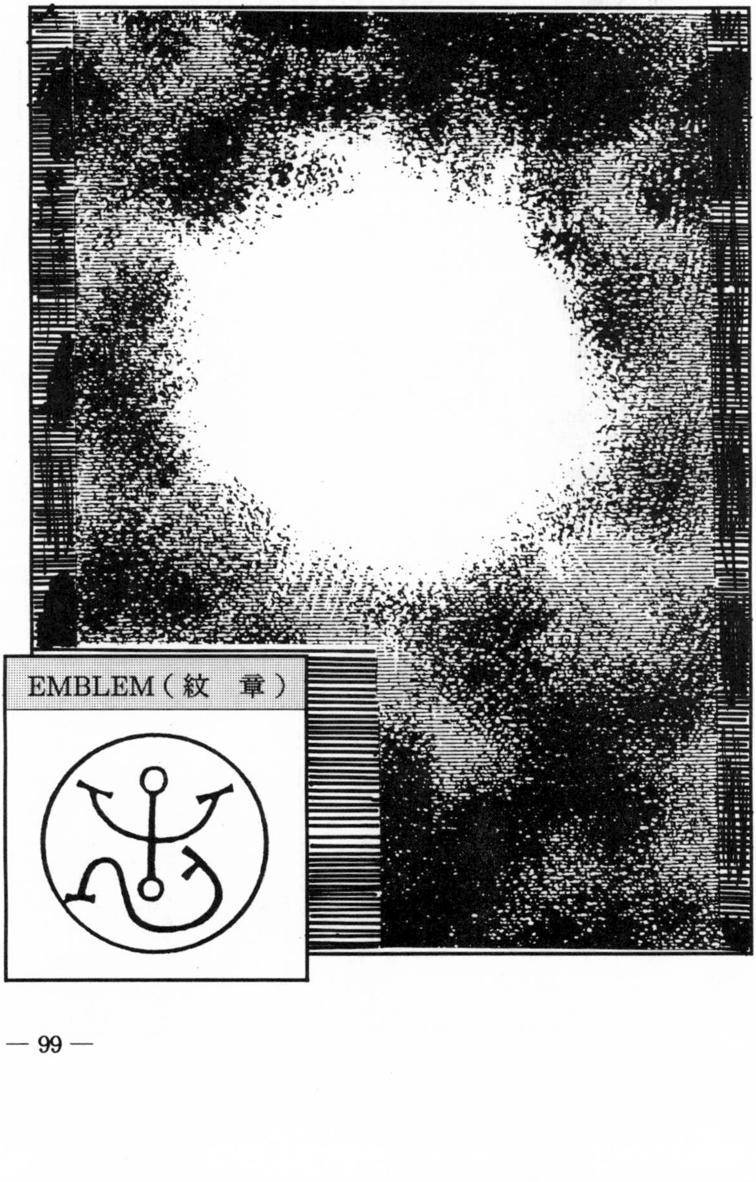

EMBLEM（紋　章）

某日，旅行商人去找國王
國王，這是勇者之劍呢！
這是能斬殺任何東西的劍
這名男子是個可疑的傢伙……
BARRM ARATU
BARRM ARATU
亞沙爾亞里姆，請賜給我領悟真實的力量

## 召喚法＜秘術＞

**①站在波浪中**

到河川、海洋、湖沼等有波浪的地方，站在波浪中。

**②對著虛空描繪紋章**

右手對著虛空大大地描繪亞沙爾亞里姆的紋章。

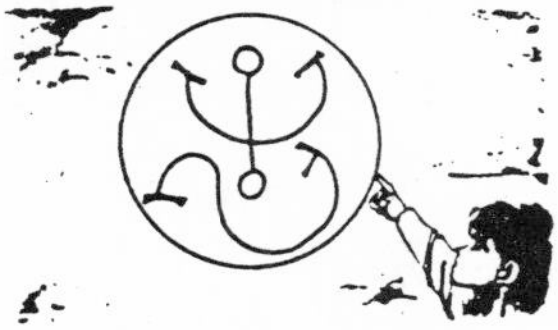

**③攤開雙手**

攤開雙手，面對河川或海洋，閉目，集中精神。

**④唸咒語**

集中意識以後唸咒語「BARRMARATU」，慢慢重複地唸，傳達願望。

# 消除他人嫉妒的秘咒法

精靈

茲克

人際關係 III

ネクロノミコン《第十七節》

汝、誰かに恨まれ、その念の深さによりて、身辺にまがごと起こり、汝自身に障りのありしときは、すみやかにツクを召喚すべし。

ツクすなわち光の術、白き魔術をあやつりて、影なる神々の呪いを晴らしたる神なれば、その白き魔術によりて、汝にかけられし恨み、ねたみの類をことごとく晴らし、汝に向けられし黒き魔力を、たちまち打ち返せり。

汝、ツクの魔力その身に得んと欲すれば、秘なる方術をもって呪文を唱うべし。

恨みたちまちのうちにはらわれるなり。

## 諾米空秘咒《第十七節》

## ※解說

如果你遭他人嫉妒，或為謠傳所困，則可以借助茲克的力量。

茲克是掌管眾神魔力的神，尤其與光的魔力、白魔法有關，擁有強大的力量。

古代秘法的眾神與來到宇宙侵略的邪惡眾神作戰時，茲克利用光的魔法破除邪惡眾神所施的黑暗魔法。

你依賴祂的力量，就能將對你所施行的邪惡、詛咒再還給對方。

| SPIRIT（精　靈） | SPELL（咒　語） |
| --- | --- |
| TUKU | MASHSHAMMASHTI |

EMBLEM（紋　章）

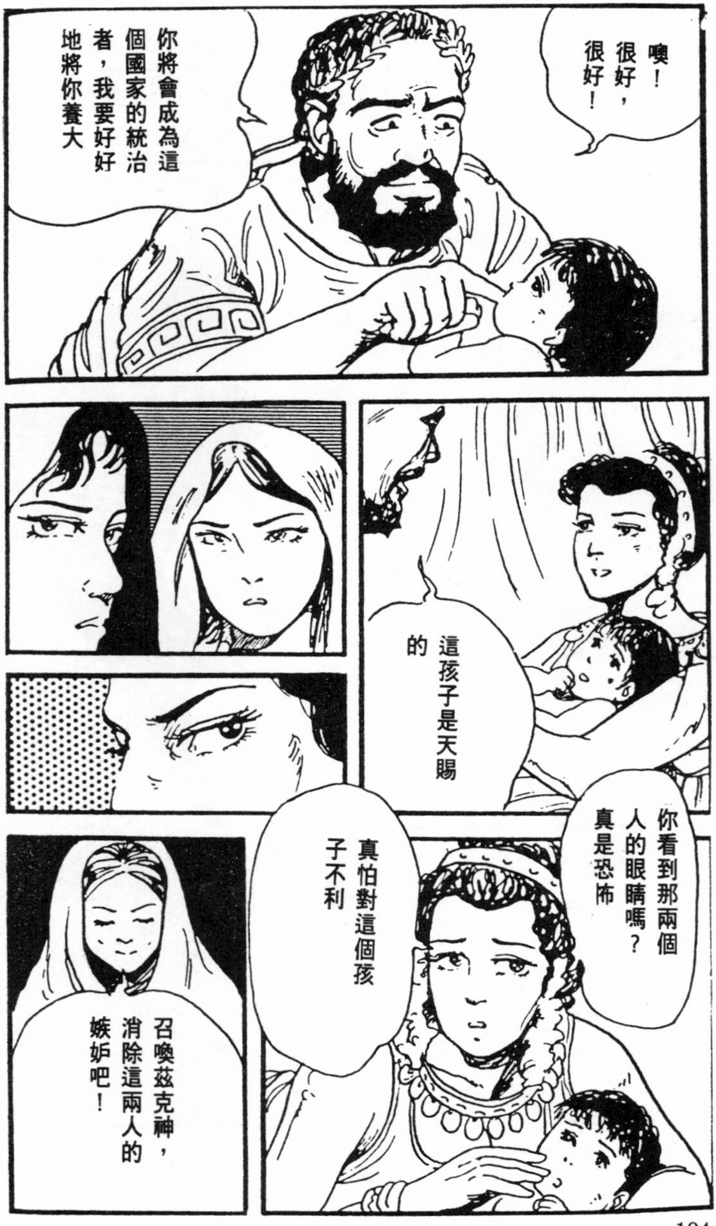
噢！很好，很好！
你將會成為這個國家的統治者，我要好好地將你養大
這孩子是天賜的
你看到那兩個人的眼睛嗎？真是恐怖
真怕對這個孩子不利
召喚茲克神，消除這兩人的嫉妒吧！

## 召喚法＜秘術＞

**①描繪紋章**

在廣大的大地上，大大地畫出茲克的紋章。

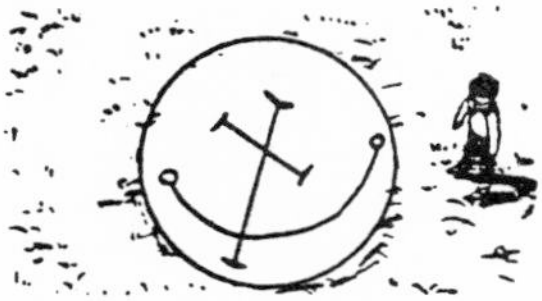

**②進入圓中**

在中午１２點時，進入茲克的紋章中。

**③躺成大字形**

在茲克紋章的圓中，躺成大字形，仰望天空。

**④唸咒語**

仰望天空唸咒語「ＭＡＳＨＳＨＡＭＭＡＳＨＴＩ」，傳達願望。

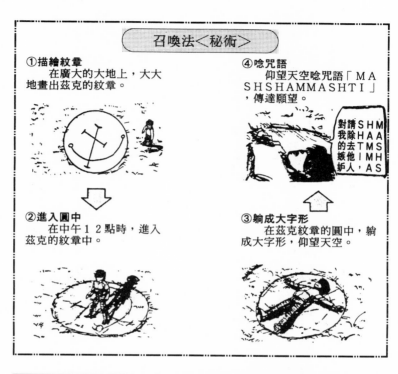

# 詛咒殺害他人的秘咒法

精靈

## 司里姆

人際關係 IV

✝ネクロノミコン《第二十節》

汝、遺恨ありし者を呪いて、死に至らしめんと欲すれば、スーリムを召喚すべし。

スーリムすなわち古代の荒々しき神にして、不信の者をことごとく虐殺したる神なれば、汝スーリムに真に帰依し、遺恨ある者の死を真に願わば、スーリムの恐怖その者の頭上に下り、汝の遺恨たちどころに晴れるなり。

汝、スーリムを召喚せんと欲すれば、秘なる方術をもって呪文を唱うべし。

スーリムたちどころに現れ、その荒ぶる力もて呪いし者をほふるなり。

諾米空秘咒《第二十節》

**※解說**

如果你遭人陷害，無法原諒對方時，可以借助司里姆的力量。

司里姆並不具分辨善惡的心，是會若無其事殺人的神。

但是當你借助司里姆的力量時，務必注意，沒有寬恕之心，而詛咒殺害對方時，對方也可能使你成為司里姆的犧牲品。

## 第三章　使人際關係順利的秘咒法10

| SPIRIT（精　靈） | SPELL（咒　語） |
| --- | --- |
| SUHRIM | MASSHANGERGAL |

EMBLEM（紋　章）

今後，我就是本國的國王了
父親！
哈哈哈
只要那個男子嘗到與我同樣的痛苦
嗚～
父親……
MASSHANGERGAL

## 召喚法＜秘術＞

**①挖洞**

找一個視野良好的山丘，如果沒有，則可以在公園的地面挖直徑１３公分的洞。

**②埋贖罪物**

在挖好的洞中丟入雞骨和橄欖，再填補洞。

**③描繪紋章**

在填補好的洞上，用混合數滴你的血液的紅色墨水筆大大地描繪司里姆的紋章。

**④唸咒語**

跪在紋章的圈中，朝向東方的天空唸咒語「ＭＡＳ ＳＨＡＮＧＥＲＧＡＬ」，傳達願望。

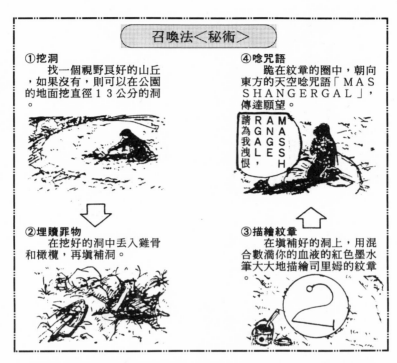

# 自由操縱他人命運的秘咒法

精靈

司格里姆

人際關係 V

◆ネクロノミコン《第二十一節》

汝、多くの者の命を一瞬に奪い、またはその運命を一瞬のうちにならくの底に落としめんと欲すれば、邪悪なるスーグリムを召喚すべし。

スーグリムすなわち猛々しき死神にして、呪いし者の運命を地の果てに落としめ、その者を絶望の淵に追いやりて、自らの命を断たしむ。

汝、この精靈を召喚せしめて、敵を呪わば、その手を汚すことなく、敵を死に至らしむることと可なり。

汝、スーグリムを召喚せしめんと欲すれば、秘なる方術をもって呪文を唱うべし。

諾米空秘咒《第二十一節》

## ※解說

如果你想要掌握他人的命運，例如想要趕走不喜歡的上司或對手，則可以借助司格里姆的力量。

司格里姆和前項的司里姆同樣的都是危險的精靈。司里姆具有實體，藉著其武器和力量殺死對方；而司格里姆則是不具實體，如影子般的存在，會使對方的命運陷入狂亂中，將對方逼向絕望的深淵，而結束性命。

一旦召喚這個精靈出現，你自己也會受到不良波動的影響，要注意。

| SPIRIT（精　靈） | SPELL（咒　語） |
| --- | --- |
| SUHGURIM | MASHSHADAR |

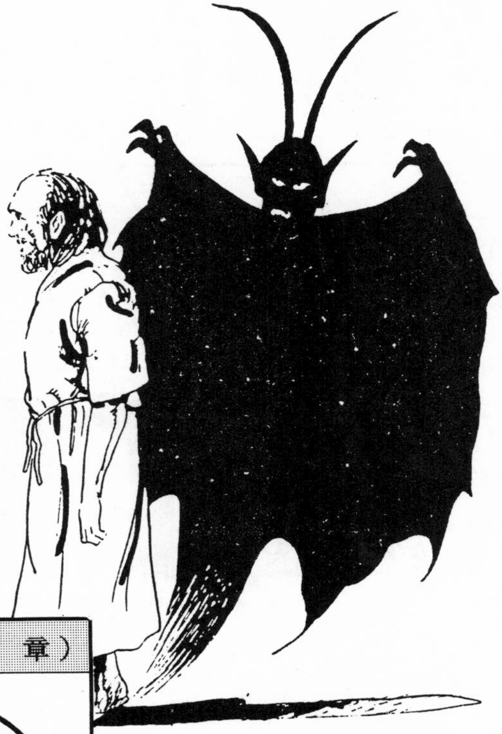

EMBLEM（紋　章）

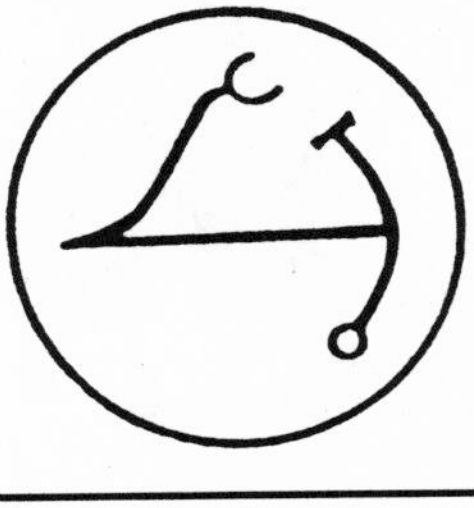

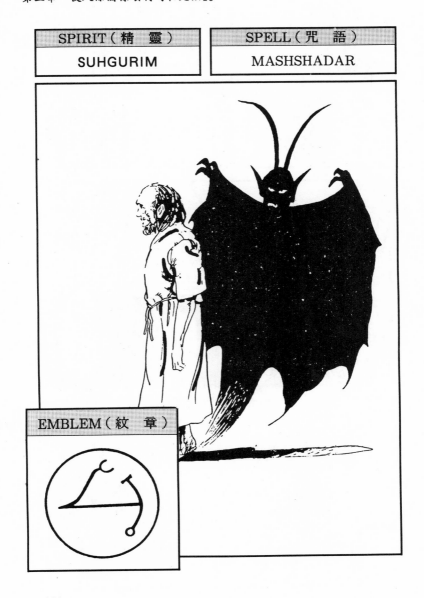

如果那傢伙的店不存在，我的店一定會生意興隆……
謝謝光臨
唸MASHS HADAR
MASHSH
ADAR
啊！
怎麼回事
客人怎麼都不上門了

## 召喚法＜秘術＞

**①疊算命紙牌**

將算命紙牌的命運環和死神牌面對面互相重疊，其上壓以大石。

**②用豬血描繪紋章**

利用由豬肝滲出的血在紙牌上的石頭上畫司格里姆的紋章。

**③用劍刺豬肝**

將豬肝放在石上，一邊唸詛咒對象的名字，一邊刺肝臟。

**④唸咒語**

面對畫在石上的紋章唸咒語「MASHSHADAR」，希望置對方於死地。

# 博得他人信賴的秘咒法

**精靈**

**奈比爾**

**人際關係 VI**

✡ネクロノミコン《第四十九節》

汝、人に自らを信用させ、不安を取り除き、安心を与えて、その信頼を勝ち取らんと欲すれば、人の心を動かし感動せしむるネビルを召喚すべし。

ネビルすなわち宇宙の支配者なるマルドゥクの第一の下僕たる精霊なれば、この宇宙のあらゆる現象を支配せしめ、人の心や感情を変化させ、運命をも変える力有するなり。

汝、ネビルの力用いんと欲すれば、秘なる方術をもって呪文を唱うべし。汝の願い叶うなり。

諾米空秘咒《第四十九節》

## ※解說

如果你對於自己的行動感到迷惘，或認為自己所下的判斷錯誤，失信於他人而心有不安時，則可以借助奈比爾的力量。

奈比爾是監視宇宙整體是否規律正確流動、未來是否朝向幸福發展的神。

只要依賴祂的力量，就能去除心中的迷惘和不安，使你的心靈擁有正確的生活方向，如此一來，別人就會信賴你。

| SPIRIT（精　靈） | SPELL（咒　語） |
|---|---|
| NEBIRU | DIRGIRGIRI |

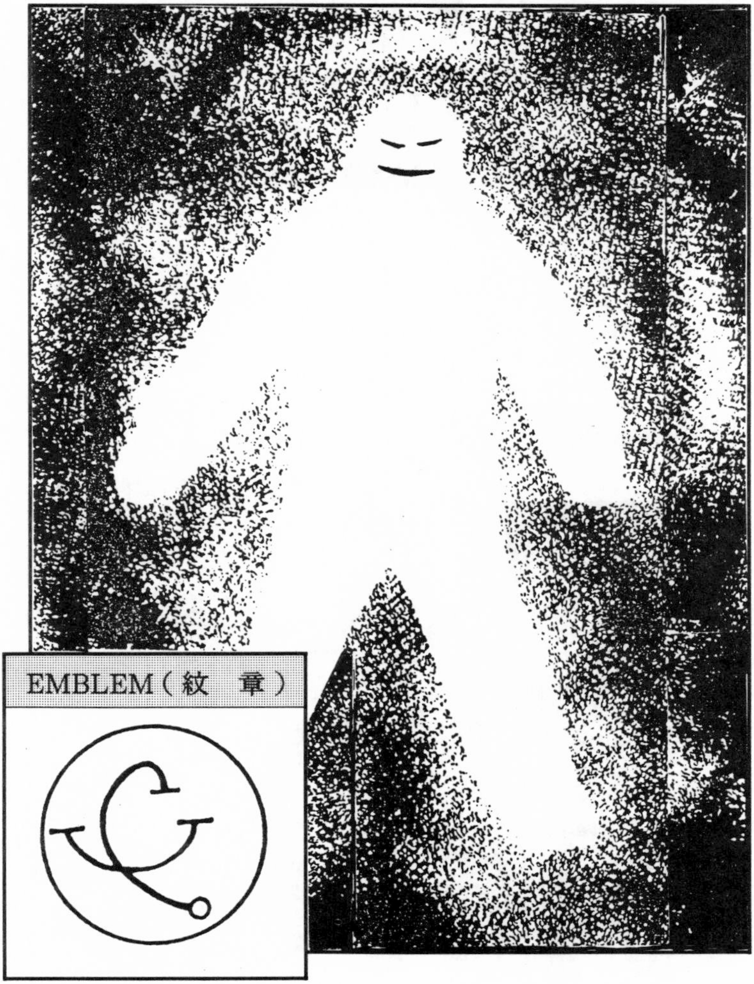

EMBLEM（紋　章）

這一年都不會下雨，趕緊準備水和糧食吧！
真的不會下雨嗎？
這只是老年人的話，何必去信它
要他們聽我的
DIRGIRGIRI
一年都不會下雨哦
好像不會下雨哦
趕緊準備水吧！

## 召喚法＜秘術＞

**①畫北斗七星圖**

在大地上，大大地畫出北斗七星圖。

**②站在畫上**

站在北斗七星排列正中央的星上。

**③描繪紋章**

抬頭仰望天空，在頭上的虛空中畫奈比爾的紋章。

**④唸咒語**

朝向東方的天空唸咒語「ＤＩＲＧＩＲＧＩＲＩ」，傳達願望。

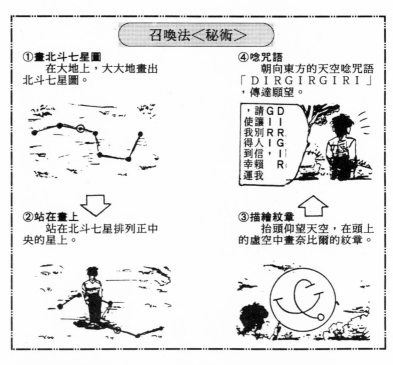

# 得寵於長輩的秘咒法

精靈

## 寧奴亞姆

人際關係 VII

ネクロノミコン《第五十節》

汝、目上の者の引き立てを得て、評価されんと願わば、ニンヌアムを召喚すべし。

ニンヌアムすなわち宇宙の支配者マルドゥクの正義の力及び権力を貸し与えられし精霊なれば、悪しき者を滅ぼし、正しき規律と裁判の施行を導きて、心まったき者の真実を愚かしき者に害されぬよう守り給いぬ。

また、悪しき者に心乱され、錯誤の内に道を踏み外したる指導者の元にしばしば降臨したり。

汝、ニンヌアムの力求めんと欲すれば、秘なる方術をもって呪文を唱うべし。

諾米空秘咒《第五十節》

**※解說**

如果你感嘆上司不了解你真正的實力，或是希望得到長輩的疼愛，則可以借助寧奴亞姆的力量。

寧奴亞姆是在秘法傳說中由宇宙統治者馬爾德克給予守護正義的力量與權力的精靈。

若是你依賴寧奴亞姆的力量，則公司的領導者就能擁有分辨是非好壞的眼光，對於你的努力會給予肯定。

| SPIRIT（精　靈） | SPELL（咒　語） |
| --- | --- |
| NINNUAM | GASHDIG |

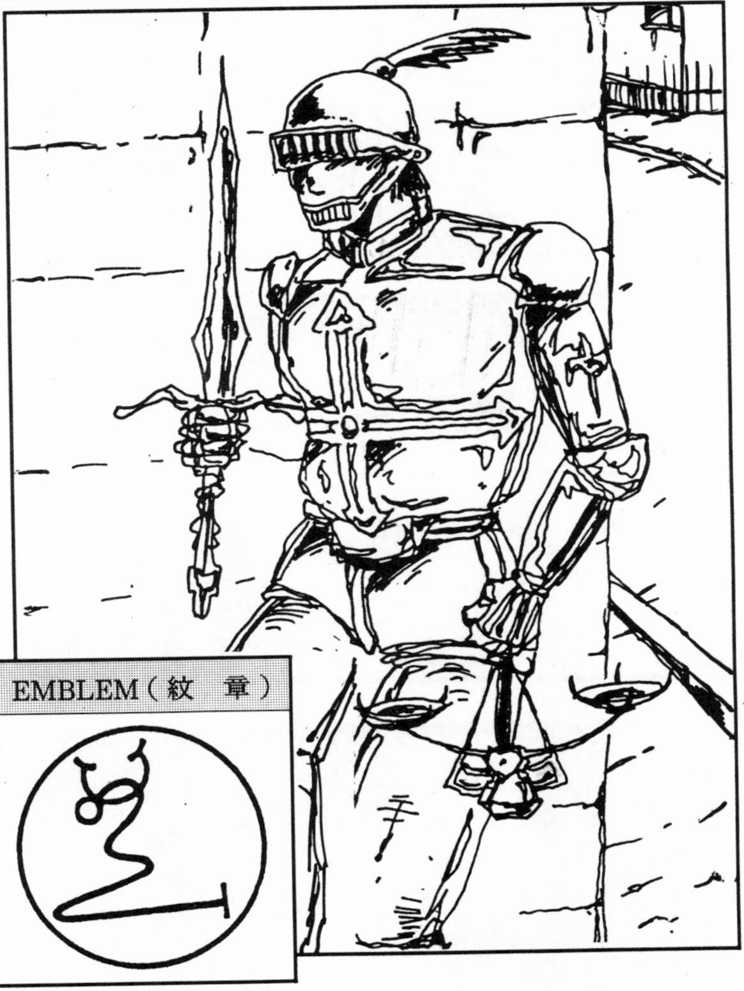

EMBLEM（紋　章）

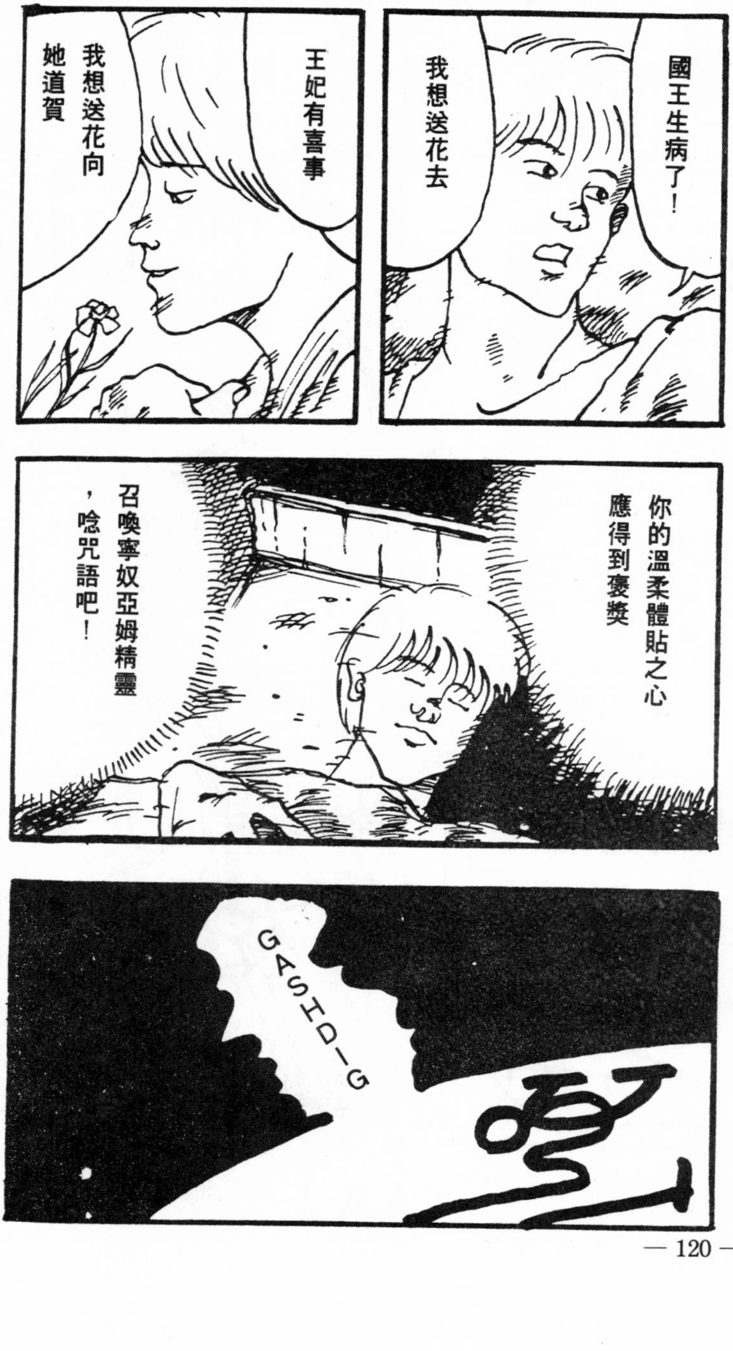
國王生病了！
我想送花去
王妃有喜事
我想送花向她道賀
你的溫柔體貼之心應得到褒獎
召喚寧奴亞姆精靈，唸咒語吧！
GASHDIG

## 召喚法＜秘術＞

**①登上山丘**
登上較高的山丘或大廈頂看東方。

**②面對風**
面對從東邊方向吹過來的風，攤開雙手。

**③唸咒語**
對著風唸咒語「ＧＡＳＨＤＩＧ」，傳達願望。

**④描繪紋章**
以慣用手在自己胸前畫寧奴亞姆的紋章。

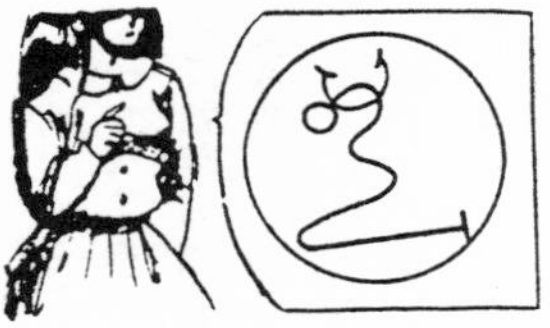

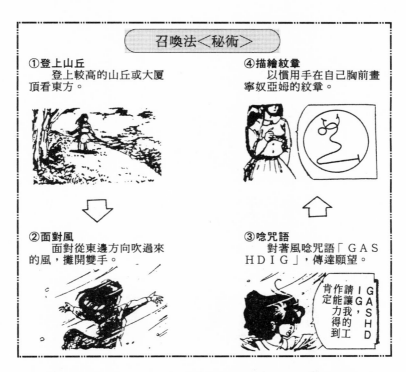

# 向遠方的人傳達心意的秘咒法

精靈

**夏茲**

人際關係

VIII

ネクロノミコン《第十八節》

汝、遠く離れし者に意思を伝え、その者の近況を知らんと欲せども、その者の所在知らざりしか、あるいは種々の事情ありて、直接音信を取るに能わざるときは、シャズを召喚し、その力を借りるべし。

シャズすなわち人と人との心をつなぎ、愛を運ぶ精霊なれば、汝の心とその者の心いかに隔絶されたるとも、一つなるきずなで結びたまいて、汝さとりの内に相手の消息を知るなり。

汝、この精霊を召喚せしめんと欲すれば、秘なる方術をもって呪文唱うべし。

諾米空秘咒《第十八節》

## ※解說

如果你想對在遠方的朋友或戀人傳達自己的心情，或是想和對方見面，則可以借助夏茲的力量。

夏茲能夠給予人類心電感應的能力，即使不知對方在何處，也能幫助你們互通心意。

只要依賴夏茲的力量，在瞑想中也可以與過去的英雄或偉人們互通心意，或者能夠和遙遠的未來才會見面的對象談話。

| SPIRIT（精　靈） | SPELL（咒　語） |
| --- | --- |
| SHAZU | MASHSHANANNA |

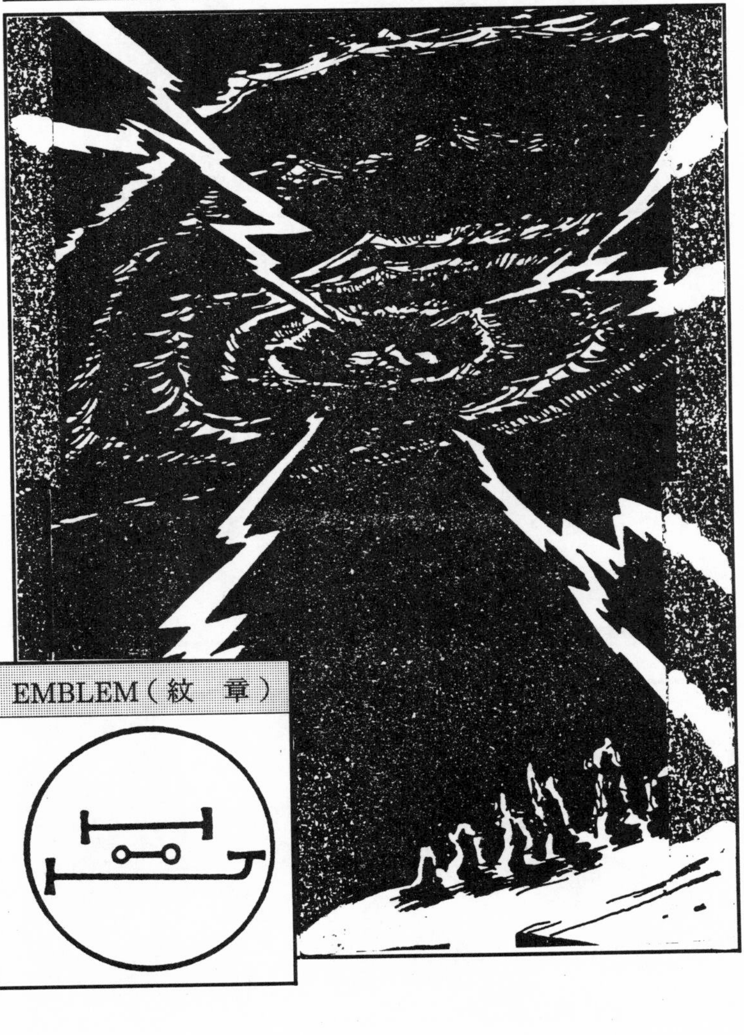

EMBLEM（紋　章）

我擔任國王的使者，要出遠門，請妳等我！
你要快點回來……
結請嫁給我
召喚夏茲精靈，唸咒語，他一定會回來的
MASHSHA
NANZA

## 召喚法＜秘術＞

**①作日晷**

在地面插根木棒作日晷。

**②看日晷的影子**

看日晷的影子，影子會朝北而變短，等待太陽到達南方的時刻。

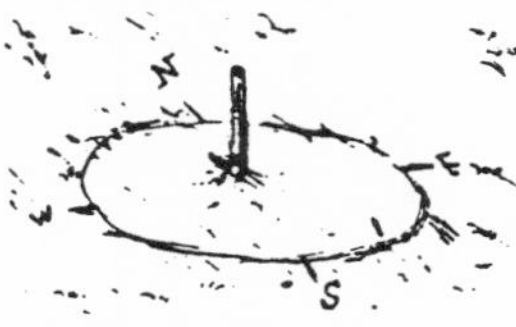


**③描繪紋章**

用慣用手臂朝向虛空畫夏茲的紋章。

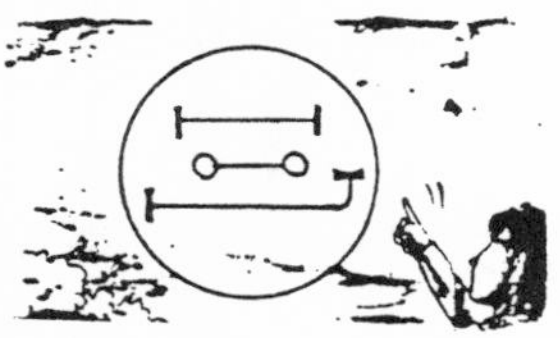

**④唸咒語**

抬頭仰望天上燦爛的陽光，唸咒語「MASHSH ANANNA」，傳達願望。

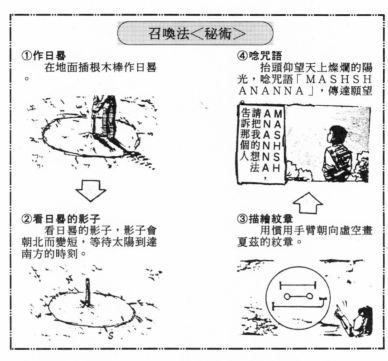

# 使家庭圓滿的秘咒法

精靈　門姆

人際關係　IX

ネクロノミコン《第三十四節》

汝、無から有を作り、大いなる愛を創造せんと望まば、ムンムの力借りるべし。

ムンム、この宇宙の根本たる四つの原子、すなわち地水火風の四角の象徴にして、あらゆるものの最小の構成子なり。しかるにムンム、その姿、壮大無辺にして計り知るすべなく、あらゆる可能性を秘め、何ものをも築き上げる力有するなり。

汝、ムンムの力導きたらんと欲すれば、秘なる方術をもって呪文を唱え、地水火風の四方に礼拝をすべし。

諾米空秘咒《第三十四節》

## ※解說

如果你希望家庭圓滿，與他人交往順利，則可以借助門姆的力量。

門姆是支撐宇宙的四個支柱，亦即構成萬物的基本要素——火、水、風、大地能量的綜合象徵。這個火、地、風、水四大能量互相吸引，直到目前仍然持續著產生新創造物的連鎖反應。

只要依賴此神的力量，一定能夠增強與周圍大眾互相吸引的力量。

| SPIRIT（精　靈） | SPELL（咒　語） |
| --- | --- |
| MUMMU | ALALALABAAAL |

EMBLEM（紋　章）

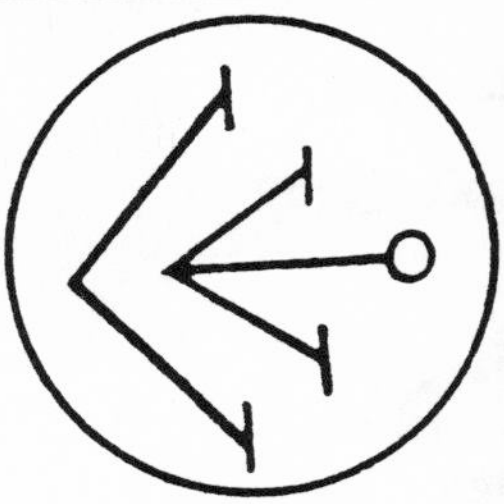

孩子，你為何待在這兒……
家中爭吵不休，真讓人受不了
那麼，你就召喚門姆精靈好了
門姆？
只要唸咒語，門姆就會幫助你
ALALALBAAAL

## 召喚法<秘術>

**①描繪魔法圓**

在大地描繪象徵門姆的魔法圓。

**②描繪火地風水的記號**

在魔法圓的東西南北四角，畫如圖所示的記號。

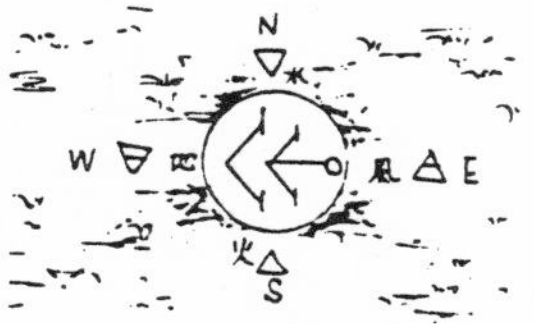


**③唸咒語**

進入魔法圓，首先朝北唸咒語「ALALALAB AAAL」，並膜拜。

**④朝四方膜拜**

依北、東、南、西的順序進行膜拜，傳達願望。

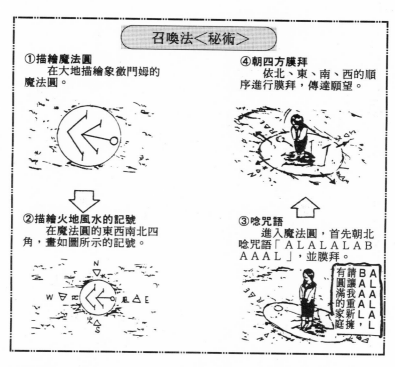

# 戰勝爭執的秘咒法

**精靈**
**亞沙爾亞里姆倫納**

**人際關係**
**X**

ネクロノミコン《第十二節》

汝、敵よりさいなまれ、もろもろの危害加えられしとき、その敵を駆逐し、打ち滅ぼさんと欲すれば、アサルアリムヌンナを友とすべし。
アサルアリムヌンナすなわち神々の軍団の指揮官にして、先の戦いの折、地上の神々に勝利をもたらしたる神なれば、あらゆる戦いの知恵と御業をその内に宿し、この世のあらゆる軍隊を統括支配せしむるものなり。
汝、アサルアリムヌンナを召喚せんと欲すれば、秘なる方術をもって呪文を唱うべし。さすれば汝、猛き力宿すなり。

諾米空秘咒《第十二節》

## ※解說

如果你身受來自別人的危害，或想保護自身免於暴力，或想打倒敵人，則可以借助亞沙爾亞里姆倫納的力量。

亞沙爾亞里姆倫納是對於所有戰爭的勝敗具有決定力量的神，能自由操縱這個世界所有軍隊的力量。

亞沙爾亞里姆倫納具有戰鬥的知識及驚人的臂力，經由祂的指揮，能在衆神的作戰中，引導地上諸神獲得勝利。

只要依賴此神的力量，必能戰勝憎恨的對手。

| SPIRIT（精　靈） | SPELL（咒　語） |
| --- | --- |
| ASARUALIMNUNNA | BANATATU |

EMBLEM（紋　章）

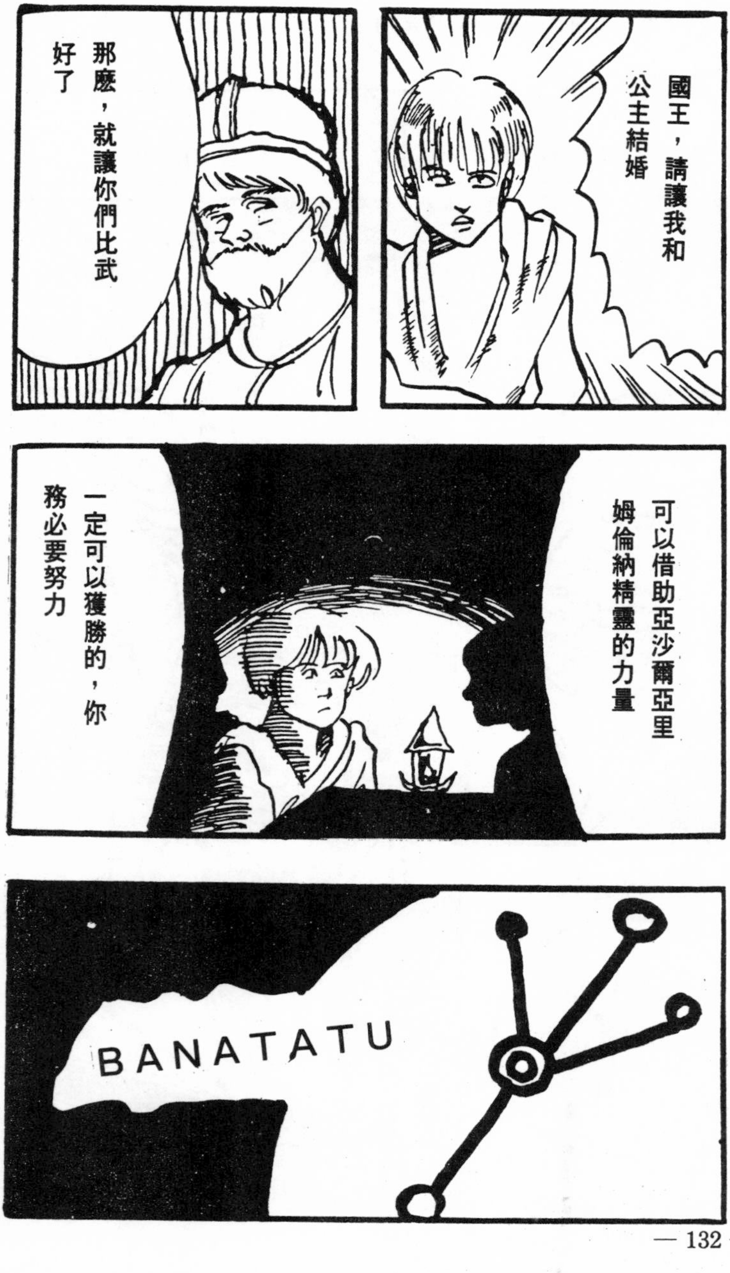
國王，請讓我和公主結婚
那麼，就讓你們比武好了
可以借助亞沙爾亞里姆倫納精靈的力量
一定可以獲勝的，你務必要努力
BANATATU

## 召喚法＜秘術＞

**①用刀子描繪紋章**

用刀子刻出亞沙爾亞里姆倫納的紋章，或以紅色塗料畫出。

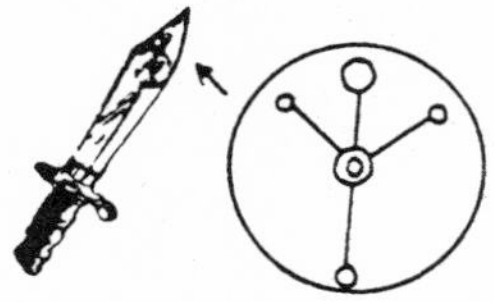

**②在樹木上刻敵人的名字**

用①的刀在大樹樹幹上刻出對手的名字。

**③唸咒語**

面對用刀尖刻在樹幹上的名字，唸咒語「ＢＡＮＡＴＡＴＵ」，傳達願望。

**④用刀子刺樹幹**

唸完咒語後，用刀子刺向刻在樹幹上的對手的名字。

# 第四章　改變自我的秘咒法9

## 諾米空秘咒

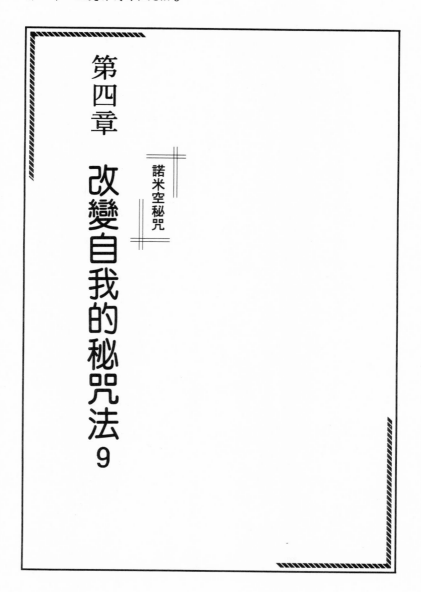

# 提起勇氣的秘咒法

精靈

馬拉

改變 I

ネクロノミコン《第二十九節》

汝、自信をなくし、勇気を失いて、大義を行うに臆したるときは、マラーの力を借りるべし。

マラーすなわち地上の賢者に勇気と自信を与え、その者を英雄となさしめて、神々の真実を地上に知らしめたる精霊なり。

汝、真に賢き者にして、汝の心に抱きしその大義、真に正しきものならば、マラーその力にて汝を、神々の真実の下僕たる英雄に任命するものなり。

汝、マラーを召喚せんと欲すれば、秘なる方術をもって呪文を唱うべし。

諾米空秘咒《第二十九節》

## ※解說

當你想改正公司上司的不當之舉，或想對自己所愛的對象訴說內心的真實想法，而卻提不起勇氣時，則可借助馬拉的力量。

只要自己想做的是利己但不損人的行動，馬拉就能夠給你真正的勇氣與自信。依賴馬拉的力量，堅守信念，採取行動，你的願望就能達成。

| SPIRIT(精　靈) | SPELL(咒　語) |
| --- | --- |
| MALAH | BACHACHADUGG |

EMBLEM(紋　章)

怎樣才能表達我的思念呢……在女性面前，我總是會臉紅

可以唸咒語，召喚馬拉精靈，借助祂的力量

BACHACHADUGG

## 召喚法＜秘術＞

**①等待滿月的夜晚**

除了星期六之外的滿月之夜，掌握瞬間的光陰，可以調查日曆或報紙。

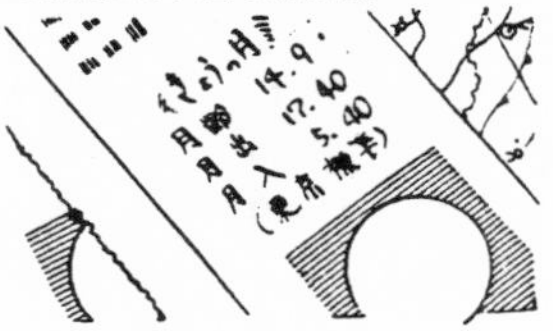

**②在石頭上描繪紋章**

用混合你的血的紅色塗料在小石頭上描繪馬拉的紋章。

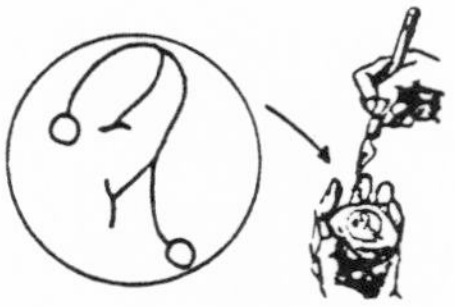

**③站在水邊**

在河、海、池邊等月影能浮現在水面的水邊，拿著②的石頭在那兒等待。

**④丟石頭**

唸咒語「ＢＡＣＨＡＣＨＡＤＵＧＧ」，傳達願望，並朝著月影用手仍出石頭。

# 創造決斷力的秘咒法

精靈 **帕加爾格安納**

改變 II

✠ネクロノミコン《第三十七節》

汝、自らの人生に迷いを生じ、または仕事、勉強、その他諸々の決断に迷いしときは、パガルグエンナを召喚すべし。

パガルグエンナすなわち神々のうちの賢者にして、ネクロの全ての神々の知恵をその身に修め、無限の知識を有する神なり。

汝、この神の降臨せるを願わば、秘なる方術をもって呪文を唱うべし。

パガルグエンナ、汝に知恵を与え、汝の人生の進路に日々指針を与えるなり。この神の意思に従わば、汝の行動全て正しきものとならん。

## 諾米空秘咒《第三十七節》

### ※解說

如果對於自己的工作或生活感到迷惘，無法決定自己應走的路時，則可以借助帕加爾格安納的力量。

帕加爾格安納是學會秘法諾米空的衆神智慧，具有無限的英明智慧之精靈。對於尚未決定的事物，具有指示方向性的作用。因此，依照這個精靈的指示展現行動，你永遠都能做出正確的決定。

| SPIRIT（精　靈） | SPELL（咒　語） |
|---|---|
| PAGALGUENNA | ARRABABAAL |

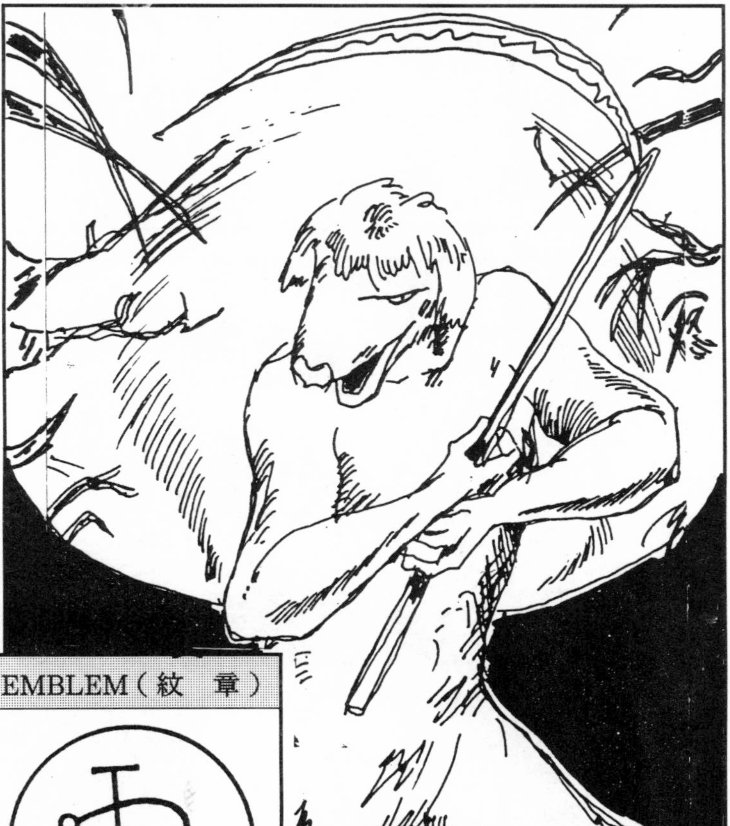

EMBLEM（紋　章）

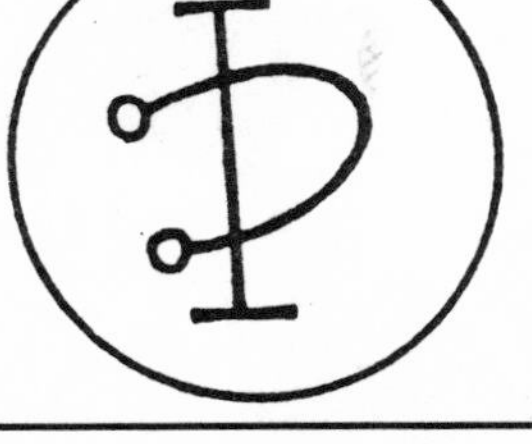

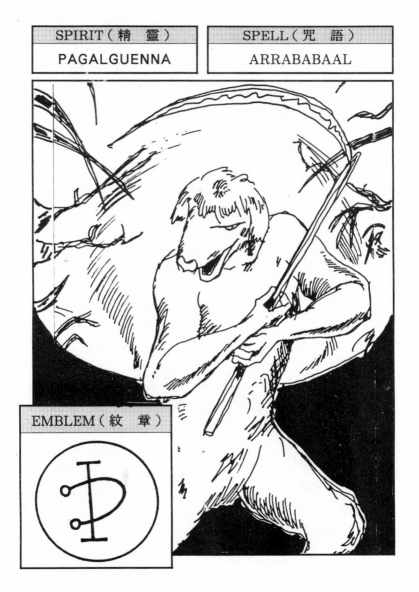

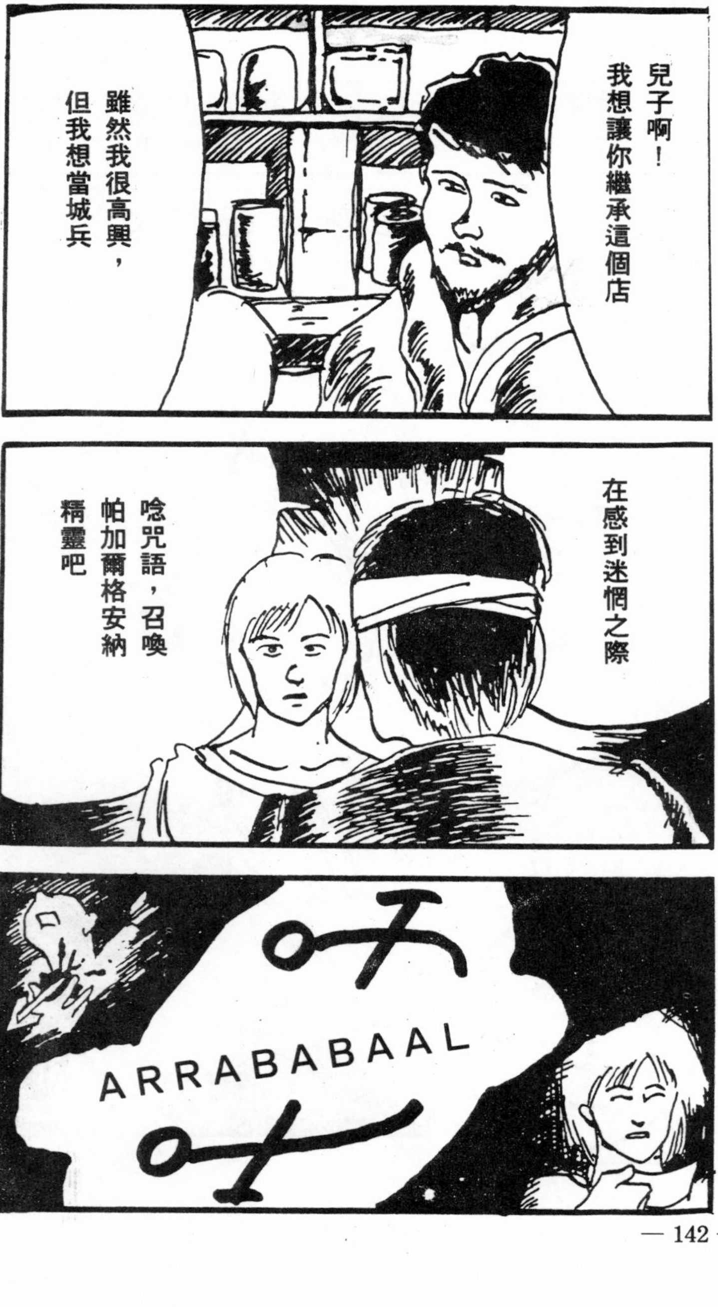
兒子啊！
我想讓你繼承這個店
雖然我很高興，
但我想當城兵
在感到迷惘之際
唸咒語，召喚
帕加爾格安納
精靈吧
ARRABABAAL

## 召喚法＜秘術＞

**①站在視野良好的場所**

站在小山丘或大廈頂上等視野良好的場所。

**②描繪紋章**

用白粉筆在此場所描繪帕加爾格安納的紋章。

**③確定風向**

站在紋章的圓中，手指用水打濕，確認風向。

**④唸咒語**

朝著風吹來的方向唸咒語「ARRABABAAL」，告訴風自己所迷惘的事項並瞑想。

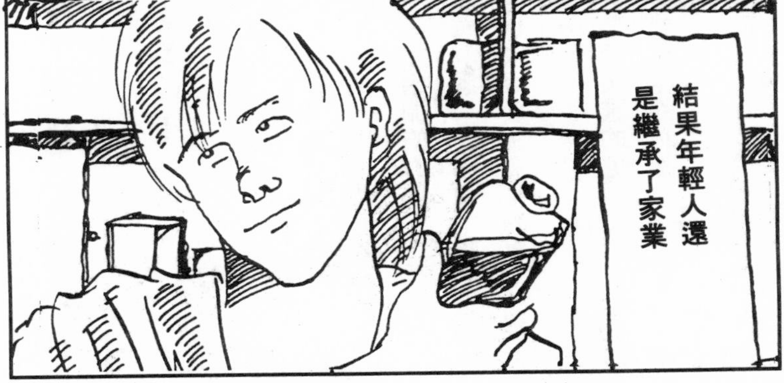

# 創造判斷力的秘咒法

精靈　魯加爾加

改變 III

ネクロノミコン《第四十二節》

汝、物事の真偽のほどにとまどいて、何れが真実なるか計りあぐねしとき、ルガルルツガの力借りるべし。

ルガルルツガすなわちすべての物事の本質を悟りし精霊なれば、過ぎ去りしことも生まれ出づることも、地上のこともこの大宇宙のことも、全て計り知りたる真実の神なり。

汝、その力借りんと欲すれば、秘なる方術をもって呪文を唱うべし。

ルガルルツガ、汝の心のうちに降りて、何れが真実かを語り示さん。

諾米空秘咒《第四十二節》

## ※解說

如果你面對複數的選擇而無法判斷何者是最好的時候，或是想要了解他人建議的真偽如何，則可以借助魯加爾加的力量。

魯加爾加具有洞悉一切事物本質的眼光，對於已經發生的事或今後將發生的事，都具有領悟真實的力量。

如果能得到這個精靈的協助，你就能夠經常選擇真實，得到最佳的判斷。

| SPIRIT（精　靈） | SPELL（咒　語） |
| --- | --- |
| LUGALUGGA | ZIDUR |

EMBLEM（紋　章）

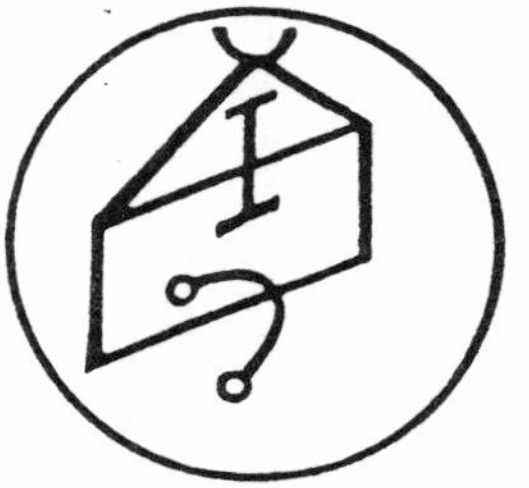

我以前失蹤的孩子似乎還活著
我想要找到他……
我是國王的兒子
是我
不，是我
召喚魯加爾加精靈來找出真正的王子吧
ZIDUR

## 召喚法＜秘術＞

**①準備玫瑰花瓣**

準備２～３朵紅色的玫瑰花，拔下花瓣與刺。

**②描繪紋章**

在大地上排列玫瑰花瓣，同時描繪魯加爾加的紋章。

**③撒玫瑰刺**

赤腳站在紋章的圓中，將玫瑰刺撒向圓外。

**④唸咒語**

重複念咒語「ＺＩＤＵＲ」，希望魯加爾加降臨，訴說願望。

# 增強意志的秘咒法

精靈

## 基比爾

改變 Ⅳ

ネクロノミコン《第四十六節》

汝、心に迷い多かりて、かっこたる意志を持たんと欲すれば、ギビルの力を借りるべし。

ギビルすなわち炎と錬金の技術伝えし精霊にして、天に輝きたる鋭きいかづちの剣作りたまいし神なり。

よって汝の心の弱さ鍛えたまいて、鉛なる汝の心を輝けし黄金へと変えたまうなり。

汝、その力借りんと欲すれば、秘なる方術をもって呪文を唱うべし。

されば汝の心、真に鍛えられて、心に強き意志湧ききたらん。

諾米空秘咒《第四十六節》

### ※解說

如果你意志薄弱，對於各種事物都感到煩惱或迷惘時，則可以借助基比爾的力量。

基比爾是傳授人類煉金術的精靈，與煉金術具有極密切的關係。對於未經鍛鍊的人心，也具有將其鍛鍊成擁有黃金精髓的作用。

借助這個精靈的力量，就能夠磨練迷惘的心，使你的意志更為堅強。

| SPIRIT（精　靈） | SPELL（咒　語） |
|---|---|
| GIBIL | BAALAGNITARRA |

EMBLEM（紋　章）

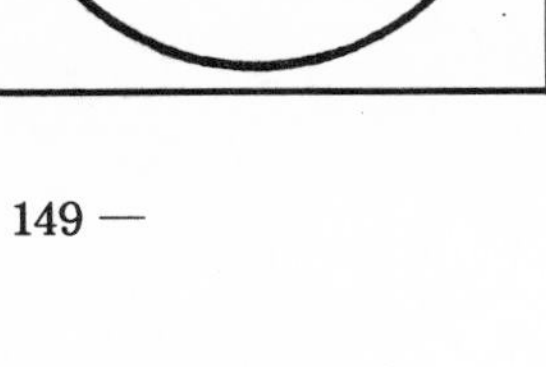

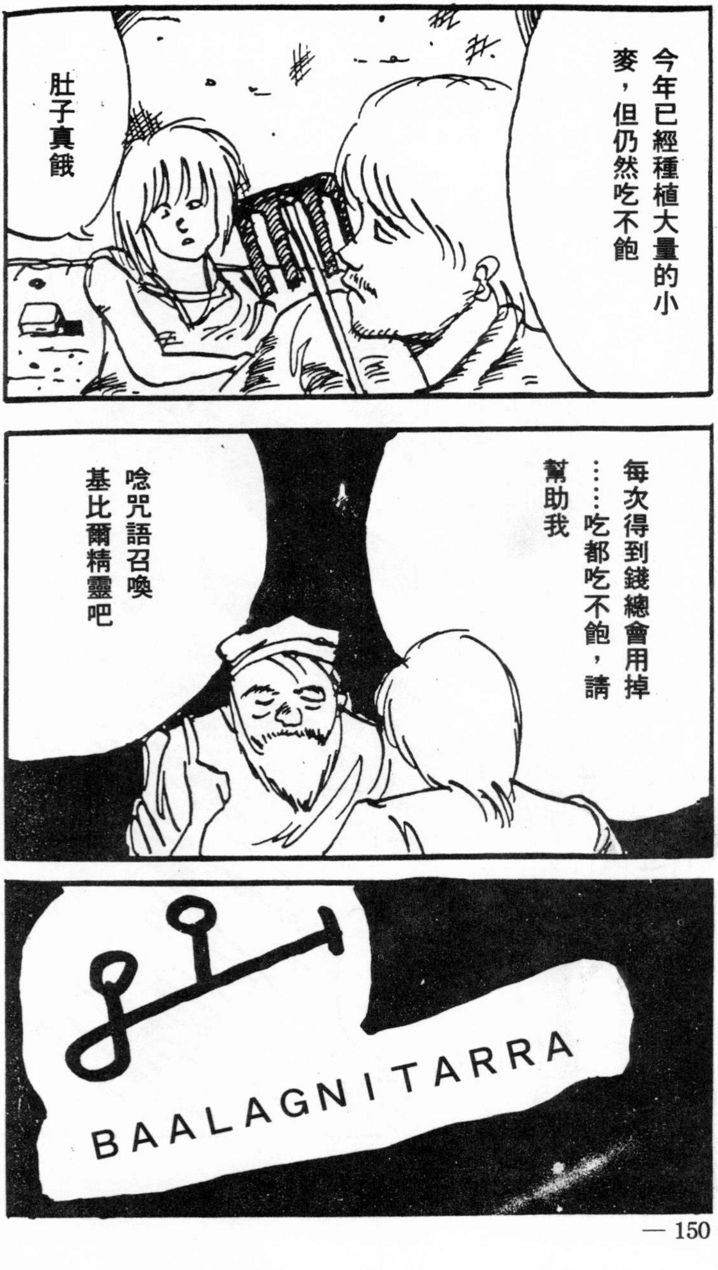
今年已經種植大量的小麥，但仍然吃不飽
肚子真餓
每次得到錢總會用掉……吃都吃不飽，請幫助我
唸咒語召喚基比爾精靈吧
BAALAGNITARRA

## 召喚法＜秘術＞

**①升火**

不要利用瓦斯或電，而以枯木、乾草等自然物燃燒升火。

**②燒刀子**

在熊熊火燄中，放入刀刃，燒到變紅為止。

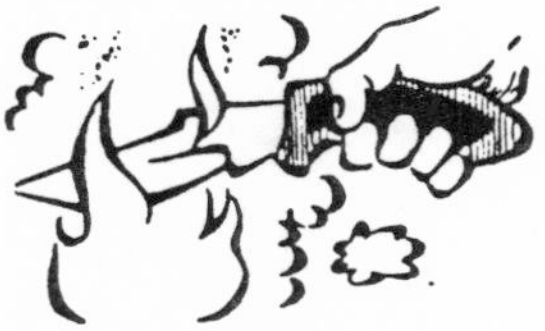

**③描繪紋章**

在杉木或檜木板上，用燒過的刀子描繪基比爾的紋章。

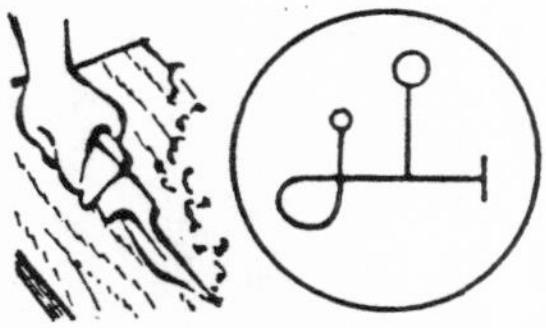

**④唸咒語**

唸咒語「ＢＡＡＬＡＧＮＩＴＡＲＲＡ」，傳達願望。

從這一年開始，
他認真工作，
與家人幸福地
生活著

# 發揮才能的秘咒法

精靈

魯加拉布德布爾

改變V

ネクロノミコン《第三十六節》

汝、自らの才能を伸ばし、また自らのうちに隠れし才能を開花させんと欲すれば、ルガラブドゥブルの力借りるべし。

ルガラブドゥブルすなわち戦いと守りの神にして、破壊の女神ティアマトを倒し、悪しき神アザトートよりこの地上の可能性を守りたる神なれば、汝の才能の汚れるを防ぎ、汝のあらたにいどみし戦いに、その力を貸すものなり。

汝、その力借りんと欲すれば、秘なる方術をもって呪文唱うべし。されば汝の才能、いかようにも花開かん。

諾米空秘咒《第三十六節》

## ※解說

當你想發展新的事業，卻又對自己的才能感到不安時，則可以借助魯加拉布德布爾的力量。

魯加拉布德布爾是戰爭與守護的精靈，自古以來就被視為是能夠保護大地、免受破壞女神提雅瑪特和來自宇宙侵略者亞札特特的破害之守護神。

如果你想向新事物挑戰，則這個精靈能夠給你英明智慧與勇敢，當你遇挫而極想退縮時，祂能夠幫你守住初衷，使你的才能大放異彩。

| SPIRIT（精　靈） | SPELL（咒　語） |
| --- | --- |
| LUGALABDUBUR | AGNIBAAL |

EMBLEM（紋　章）

要成為城內的廚師，路子還很遠呢……
到底還缺什麼呢？
我不知道該怎麼做
請魯加拉布德布爾精靈助你一臂之力吧
AGNIBAAL

## 召喚法＜秘術＞

**①作木頭人**
　雕刻木頭，作出像自己的木頭人。也可以在木頭表面簡單地雕出人形。

**②描繪紋章**
　在大地描繪魯加拉布德布爾的紋章，或是將紋章置於其中央。

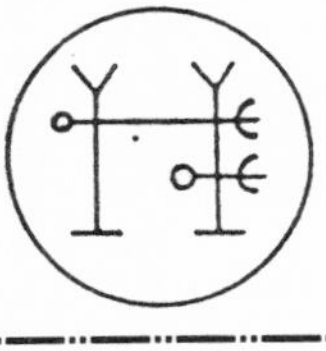

**③唸咒語**
　唸咒語「ＡＧＮＩＢＡＡＬ」，向魯加拉布德布爾祈禱。

**④燒木頭人**
　利用透鏡聚集陽光，點火，以聖火的火燄燒木頭人。

# 提高潛能的秘咒法

精靈

## 魯加蘭納

改變 VI

ネクロノミコン《第四十一節》

汝、内なる自分を見つめ、自らのうちに隠されたる超越の意識を開花させんと欲すれば、ルガランナの力借りるべし。

ルガランナすなわち過去より未来永劫に至るまで、我らが気づけし光ある部分のその影の、隠されたるものごとの本質を明らかにせし精霊なれば、汝の心の内に秘めたる隠されし超常の能力、開き現れしものなり。

汝、その力借りんと欲すれば、秘なる方術をもって呪文を唱うべし。

されば汝の隠されし力開かれん。

諾米空秘咒《第四十一節》

### ※解說

當你有工作上的煩惱而想知道上司心中的想法，或心中感到迷惘，想要預知明日之事，卻又無法實現超能力時，則可以借助魯加蘭納的力量。

魯加蘭納會指示你想了解的事項，或是你所看不到的真心部分，或工作上的問題，能夠引導你走向優勢，並且引出潛藏在自己體內的力量，提高潛在意識，發揮你所隱藏的超能力。

| SPIRIT（精　靈） | SPELL（咒　語） |
| --- | --- |
| LUGALANNA | BALDIKHU |

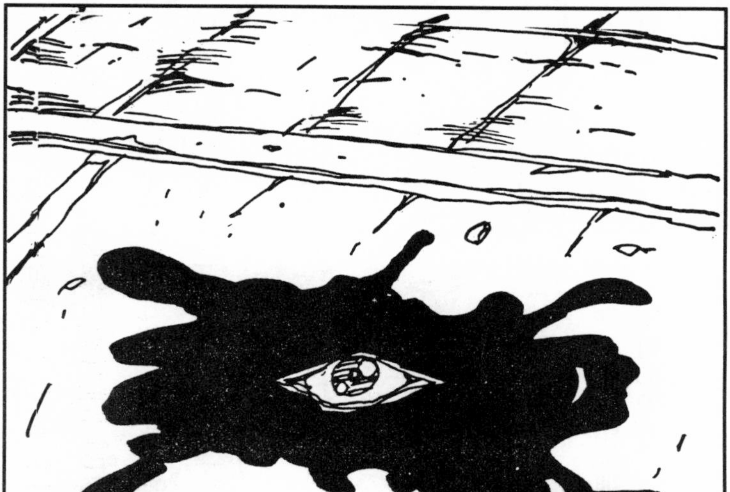

EMBLEM（紋　章）

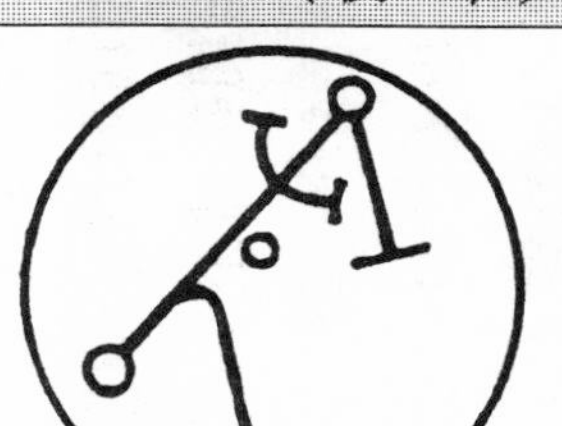

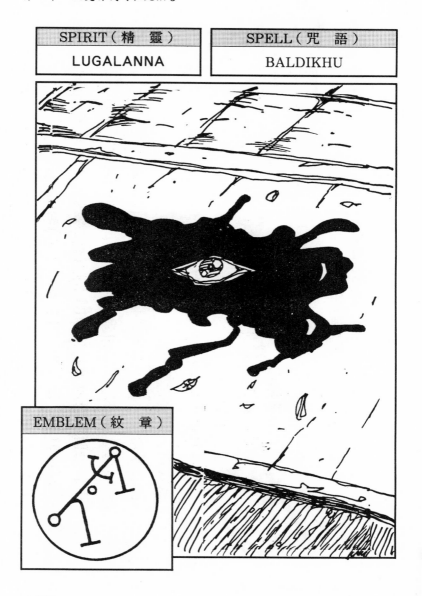

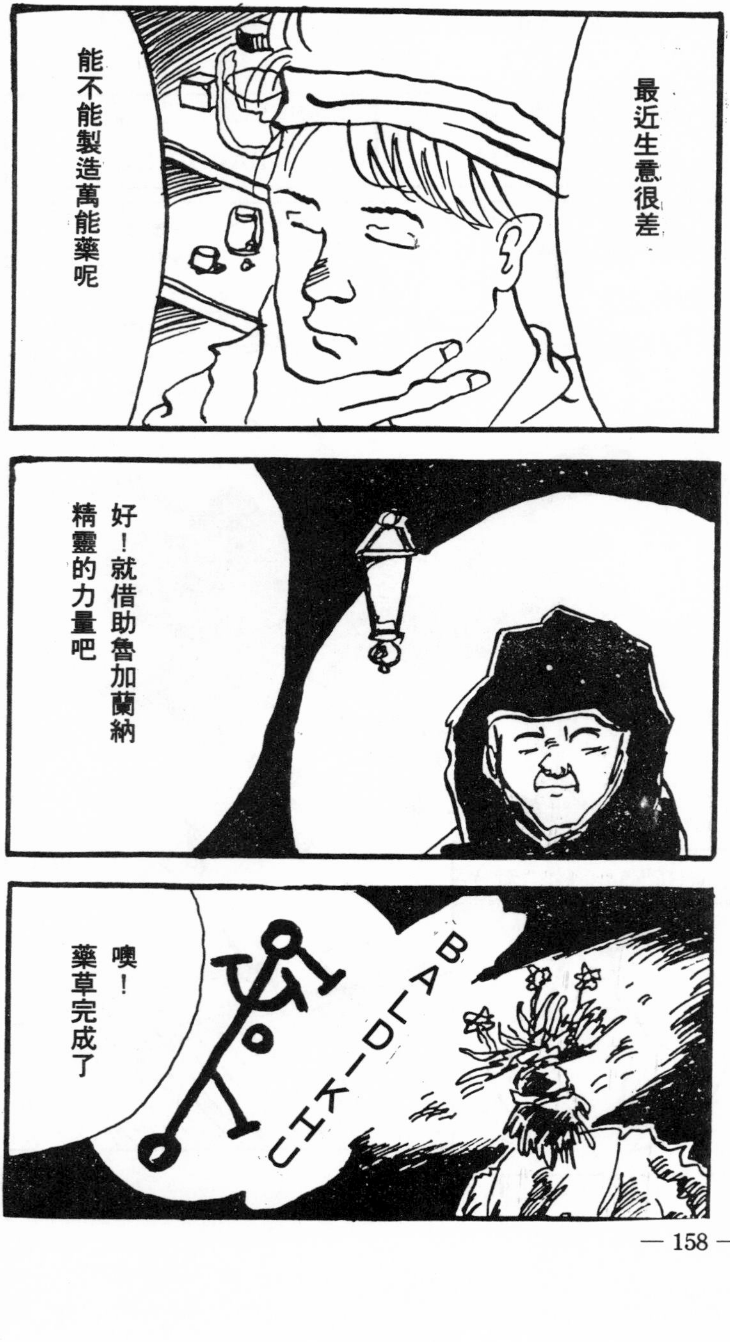
最近生意很差
能不能製造萬能藥呢
好！就借助魯加蘭納精靈的力量吧
BALDIKHU
噢！
藥草完成了

## 召喚法＜秘術＞

**①站在水邊**

面向西，在太陽西沉時，獨自站在水邊。

**②描繪紋章**

由站立的場所開始朝東拉開與你身高相同的距離，在該處畫魯加蘭納的紋章。

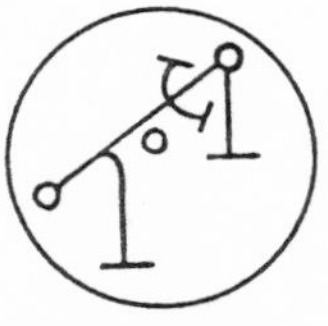

**③凝視自己的影子**

隨著夕陽西沉，你的影子會不斷拉長，等待你的影子到達魯加蘭納紋章的中央。

**④唸咒語**

當影子到達紋章的中心時，唸咒語「ＢＡＬＤＩＫＨＵ」，向魯加蘭納祈禱。

# 切斷迷惘的秘咒法

精靈

## 魯格加爾迪姆梅朗基亞

改變 VII

ネクロノミコン《第五節》

汝、自らの心にとまどいて、其をいかんともしがたく、混沌のうちに心沈みたるとき、ルグガルディムメランキアの力借りるべし。

ルグガルディムメランキアすなわち混沌に秩序を与えし神にして、天地創造の折、この世のあらゆる物の母なる混沌たるティアマトに、秩序ある流れを与えて、全ての物を創造したり。

よって、汝の心の内の混沌たる思考も、この精霊の秩序受ければ、まったき形表すなり。

汝、その力借りんと欲すれば、秘なる方術をもって呪文を唱うべし。

諾米空秘咒《第五節》

### ※解說

當你感到迷惘、煩惱，或因為工作或學習時，腦海中浮現好的構思卻無法巧妙地表現出來，或繪畫、音樂等心中的印象無法巧妙地以形態來加以表現時，則可以借助魯格加爾迪姆梅朗基亞的力量。

魯格加爾迪姆梅朗基亞對於你腦海中的印象、心中模糊的思考，能夠給予完整的秩序，使其以一個完整的形態表現出來。

| SPIRIT（精　靈） | SPELL（咒　語） |
| --- | --- |
| LUGGALDIMMERANKIA | BANUTUKKU |

請畫出成為這個國家象徵的印象吧
到底要如何畫才好呢
只好召喚魯格加爾迪姆梅朗基亞精靈了
唸咒語召喚祂吧
BANUTUKKU

## 召喚法<秘術>

**①描繪紋章**

在30公分見方的白紙上畫魯格加爾迪姆梅朗基亞的紋章。

**②燒紋章**

將畫上紋章的紙用火燒掉，灰燼用手揉成粉。

**③讓灰燼隨風飄散**

燃燒成灰燼的紋章隨風飄散在空中。

**④唸咒語**

唸咒語「ＢＡＮＵＴＵＫＫＵ」，朝灰燼飄散處祈禱。

# 消除憂鬱的秘咒法

精靈　那里魯格加爾迪姆梅朗基亞

改變 VIII

ネクロノミコン《第六節》

汝、心に不安を抱きて、暗き心のうちに閉じこもりて、あるいは気分の曇りたるとき、ナリルグガルディムメランキアの力借りるべし。

ナリルグガルディムメランキアすなわち風の精霊たちの総指揮者にして、風がいかなるはざまをもくぐりぬけ、あらゆる場所に入りしごとく、汝の心を晴れやかなる天界へも、また暗き冥界へも、望みのごとく導くなり。

汝、その力借りんと欲すれば、秘なる方術をもって呪文を唱うべし。されば汝の心の不安ことごとく消え、曇りし心晴らされん。

諾米空秘咒《第六節》

## ※解說

如果出現難以言喻的不安，或覺得心情鬱悶時，可以借助那里魯格加爾迪姆梅朗基亞精靈的力量。

那里魯格加爾迪姆梅朗基亞是風的精靈統率者，就好像風會吹開雲霧一般，能夠去除你心中的不安。此外，也會將涼爽的風送進人心，替你解悶。

| SPIRIT（精　靈） | SPELL（咒　語） |
| --- | --- |
| NARILUGGALDI-MMERANKIA | BANRABISHU |

EMBLEM（紋　章）

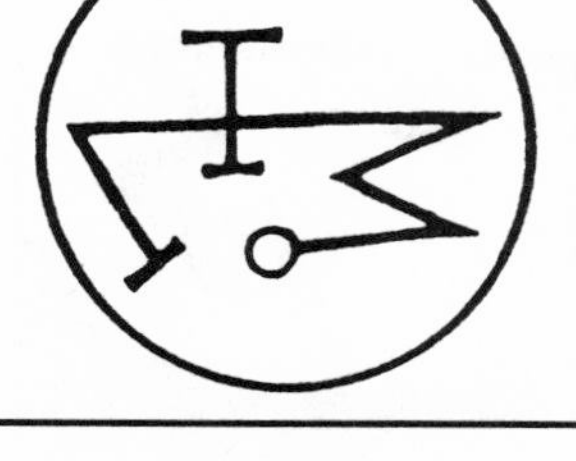

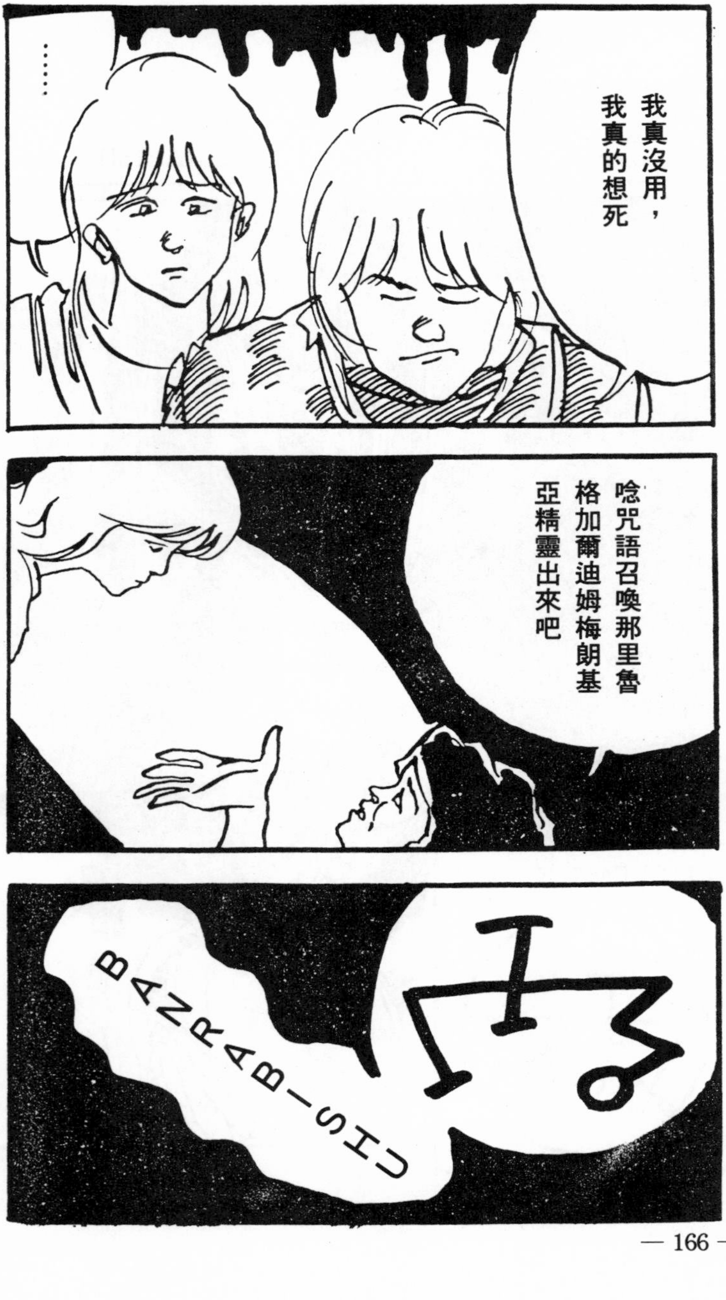
我真沒用，我真的想死
……
唸咒語召喚那里魯格加爾迪姆梅朗基亞精靈出來吧
BANRAB–SHU

## 召喚法＜秘術＞

**①描繪紋章**

在廣大的屋內或風不大的屋外，描繪那里魯格加爾迪姆梅朗基亞的紋章。

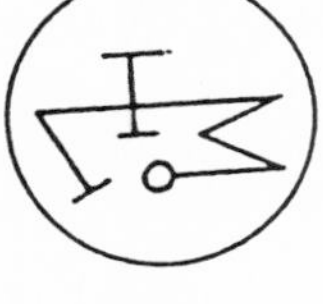

**②排列蠟燭**

在紋章線上，排列當明燈用的小蠟燭。

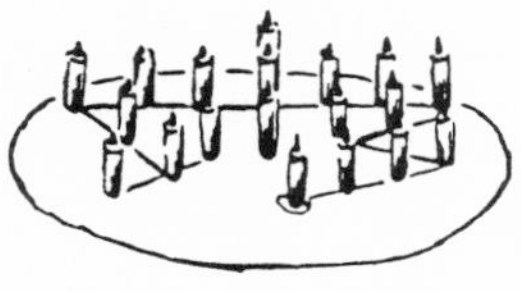

**③點蠟燭**

在夜晚天色暗沉之後，點亮蠟燭。

**④唸咒語**

凝視隨風搖晃的燭光，並唸咒語「ＢＡＮＲＡＢＩＳＨＵ」，傳達願望。

# 消除悲傷的秘咒法

精靈　茲茲

改變 IX

✠ネクロノミコン《第十三節》

汝、悲しみに心むしばまれて、嘆きと感涙のうちに心沈みしとき、ツツの名を呼びて、その力借りるべし。

　ツツすなわち死せるもののたどり着きし王国の支配者にして、恋しき人あるいは肉親と別れて、この世を離れたる死霊たちの悲しき心を、優しき言葉によりて救いたる精霊なり。よって汝の悲しみに病めたる心も、この精霊の魔力によりて回復せるものなり。

　汝、その力借りんと欲すれば、秘なる方術をもって呪文を唱うべし。

諾米空秘咒《第十三節》

## ※解說

如果你覺得悲傷不已，甚至想要尋死，則可以借助茲茲的力量。

茲茲是死者靈魂歸依的黃泉國之國王，聽到死者與留在世上的親人或愛人別離的悲哀，以及死亡的痛苦，會利用魔法讓死者的靈魂從悲哀中解放出來。

如果對茲茲坦白告知自己的悲哀，就能夠消除你心中的哀傷，給予新希望之光。

| SPIRIT（精　靈） | SPELL（咒　語） |
| --- | --- |
| TUTU | DIRRIGUGIM |

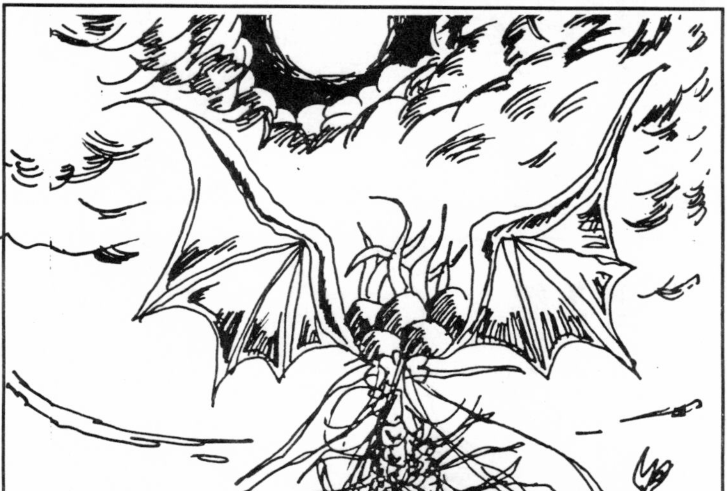

EMBLEM（紋　章）

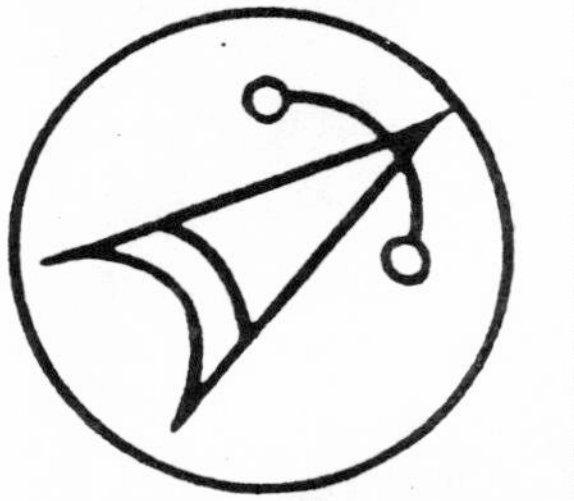

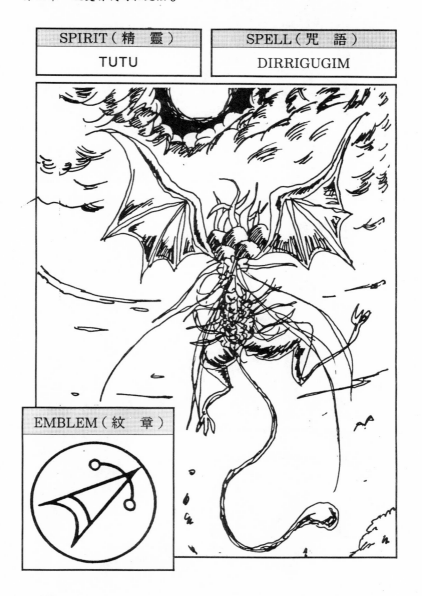

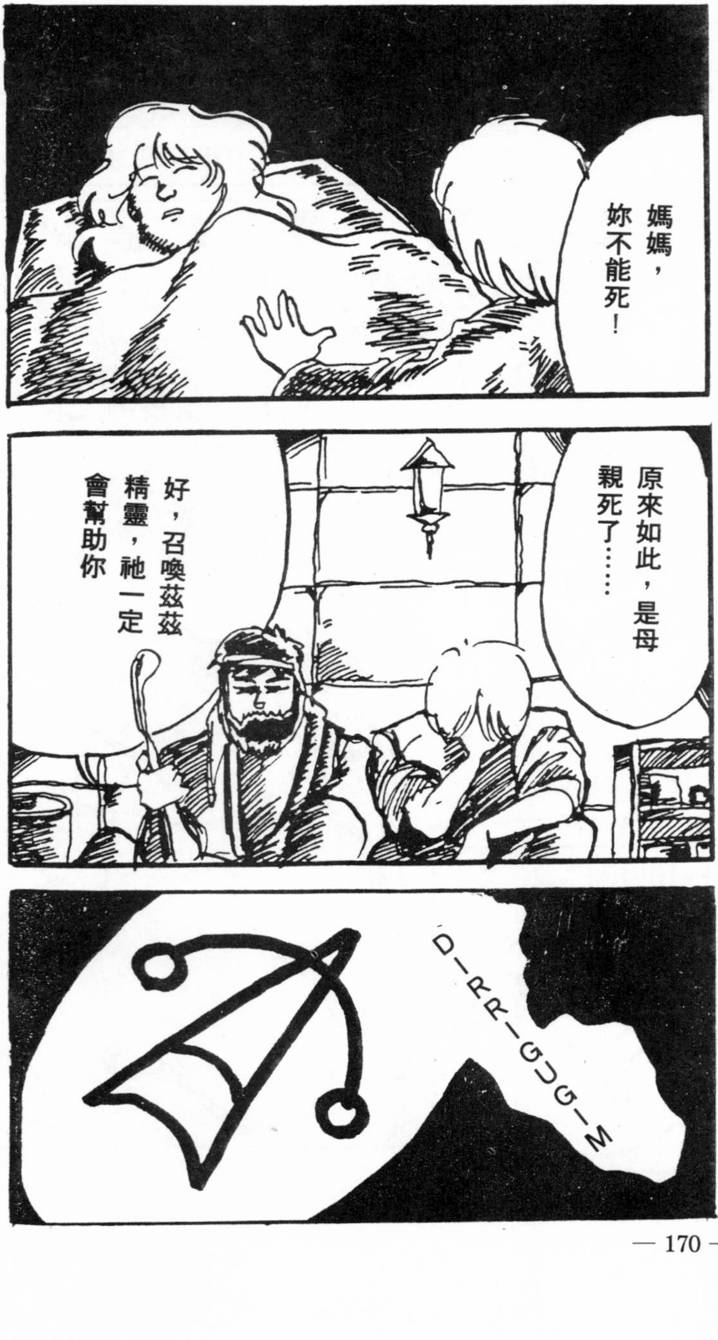
媽媽，妳不能死！
原來如此，是母親死了……
好，召喚茲茲精靈，祂一定會幫助你
DIRRIGUGIM

## 召喚法<秘術>

**①讓朝陽進入房間內**

用窗簾等遮避房間的窗戶，讓房間變暗，只讓東側的窗戶略留縫隙，讓朝陽進入。

**②描繪紋章**

在光線射入房間的位置，用膠帶等描繪出茲茲的紋章。

**③沐浴在陽光下**

坐在紋章中，全身沐浴在照進房間的朝陽中。

**④唸咒語**

唸咒語「ＤＩＲＲＩＧ ＵＧＩＭ」，心中向茲茲訴說你的傷悲。

# 第五章　完成工作的秘咒法5

諾米空秘咒

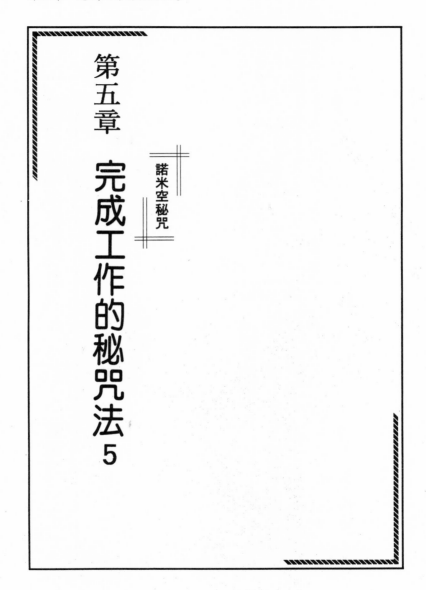

# 使工作進展順利的秘咒法

精靈

茲爾姆

工作 I

## 諾米空秘咒《第三十三節》

✠ネクロノミコン《第三十三節》

汝、なりわいに迷い生じ、おのが取るべき道を選びあぐねしとき、ズルムを召喚せしめてその力借りるべし。

ズルムすなわちあらゆるなりわいの知恵をもちたる精霊にして、全てのことがらに対し、何時何処で何を成すべきかを悟りし精霊なれば、汝の心を迷わせし諸々の障害に対し、汝の心により正しき答えあたえるなり。

汝、その力借りんと欲すれば、秘なる方術をもって呪文を唱うべし。されば汝のなりわいに栄えの道開かれん。

### ※解說

當你為工作問題而煩惱，或不知工作順序，或與無法信賴的人物交易時，則可以借助茲爾姆的力量。

茲爾姆對於存在於這個地上的所有工作具有知識，當你不知要做何事或想使事情順利發展時，祂能幫你打開心中的領悟之門，讓你知道在何時、何種狀況下該怎麼做，能夠給予你關於工作的正確智慧與知識，使工作順利發展。

| SPIRIT（精　靈） | SPELL（咒　語） |
| --- | --- |
| ZULUM | ABBABAAL |

EMBLEM（紋　章）

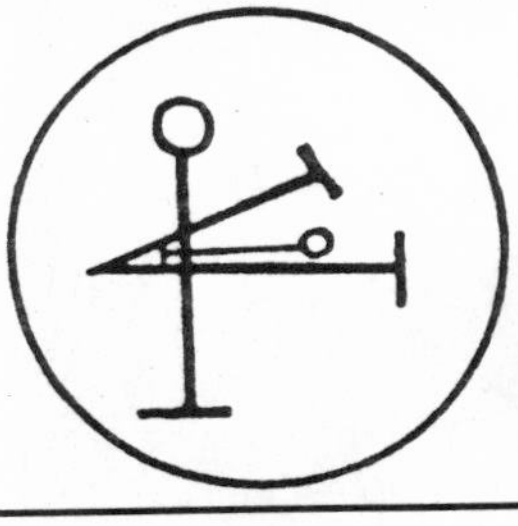

哦！要準備城中的宴會……
要如何著手呢
兒子啊！你可以唸咒語召喚茲爾姆精靈，
祂一定會給予你智慧的
ABBABAAL

## 召喚法＜秘術＞

**①燒鹽**

用鍋煎鹽，作成燒鹽。

**②描繪紋章**

將①的鹽撒在大地上，描繪出茲爾姆的紋章。

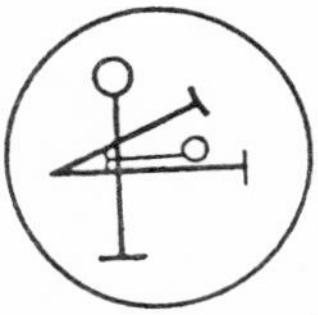

**③進入紋章中**

赤腳站在紋章中。

**④唸咒語**

唸咒語「ＡＢＢＡＢＡＡ·Ｌ」，向茲爾姆祈禱。

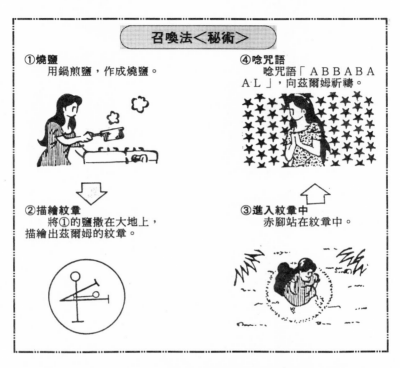

# 使工作輕鬆進行的秘咒法

精靈

## 基爾馬

工作 II

ネクロノミコン《第三十一節》

汝、仕事につまづきて、あるいは仕事に何らかの支障ありて、仕事のすみやかならざるときは、ギルマの力借りるべし。

ギルマすなわちあらゆる創造の知恵を有する精霊にして、今日の文明の基礎を生み出したる神なり。汝、ギルマの力その身に宿せば、仕事のことごとく汝の意のままに運びて、汝のわずらいたちまち消え去るものなり。

汝、その力借りんと欲すれば、秘なる方術をもって呪文を唱うべし。されば汝の仕事すみやかにはかどりて、支障ことごとく消え去らん。

諾米空秘咒《第三十一節》

### ※解說

如果你的工作遇到困難，或缺乏幹勁，或裹足不前時，則可以借助基爾馬的力量。

基爾馬是給予古代賢者所有關於創造的智慧而得以建立今日文明基礎的精靈，祂一定能夠給你知識，使你的工作順利進展。

只要借助基爾馬的力量，就能夠拂開目前所面臨的困難，提昇工作效率，使工作得以輕鬆地進行。

| SPIRIT（精　靈） | SPELL（咒　語） |
| --- | --- |
| GILMA | AKABAL |

EMBLEM（紋　章）

為什麼我一定要這麼辛苦地工作呢
生活一直都不好……

懶惰蟲，有這麼多的田，還不好好工作
讓基爾馬精靈幫助你吧

AKABAL

## 召喚法＜秘術＞

**①描繪紋章**

將石頭排列於大地上，描繪出基爾馬的紋章。

**②排花瓣**

拔配合季節的白色花，將花瓣排在石頭上。

**③進入紋章中**

迎風站在用石頭排成的紋章中。

**④唸咒語**

唸咒語「ＡＫＡＢＡＬ」，向基爾馬祈禱。

# 彌補錯誤的秘咒法

精靈

## 巴拉夏克休

工作
Ⅲ

諾米空秘咒《第四節》

✠ネクロノミコン《第四節》

汝、仕事に大いなる罪を犯し、その罪のつぐない自らの力のおよばざるときは、バラシャクシュの名を呼びて、その力を借りるべし。

バラシャクシュすなわちネクロの神々のうちで最も情け深き精霊なれば、汝のあわれなる悔恨の心汲みて、汝のおよばざる罪のつぐない、汝に変わりてつぐないぬ。

すなわちバラシャクシュ、奇跡起こしたまいて、汝の罪あらざるものとす。

汝、その力借りんと欲すれば、秘なる方術をもって呪文唱うべし。

### ※解說

如果你因為工作或重要的問題而遭遇大的失敗，或是力量無法發揮時，則可以借助巴拉夏克休的力量。

巴拉夏克休在秘法眾神當中是最具情愛的精靈，能去除人的悔恨之心，消除失敗機會。

如果罪不在於你，則祂會指示正確的方法，產生不可能的奇蹟，讓你得救。

| SPIRIT（精　靈） | SPELL（咒　語） |
| --- | --- |
| BARASHAKUSHU | BAALDURU |

EMBLEM（紋　章）

糟了，價格差了一位數
啊！就是這個，利用這個秘法，就可以借助有錢的客人洗刷我的汚名！
BAALDURU

## 召喚法＜秘術＞

**①描繪紋章**

在圖畫紙上，以直徑20公分左右的大小畫出巴拉夏克休的紋章。

**②插蠟燭**

在紋章的中央插１根白色蠟燭。

**③點燃蠟燭**

關掉房間的燈，點燃燭光，凝視火光。

**④唸咒語**

唸咒語「ＢＡＡＬＤＵＲＵ」，向巴拉夏克休懺悔。

# 得到所需情報的秘咒法

**精靈**

## 德姆德克

**工作Ⅳ**

> ✡ネクロノミコン《第四十節》
>
> 汝、必要としたる情報を思いのごとく得られぬとき、ドゥムドゥクを召喚し、その力を借りるべし。
>
> ドゥムドゥクすなわちものごとの秘密をにぎる精霊なれば、この世のあらゆる知識をその手のうちに納め、秘密の名、秘密の数、秘密の答えのことごとく、賢き者の心のうちに悟らせしむなり。
>
> 汝、その力借りんと欲すれば、秘なる方術をもって呪文唱うべし。されば汝の知りたき知恵知識のことごとく、自らのものとなりぬ。

諾米空秘咒《第四十節》

### ※解說

如果你想得到工作上所需要的知識，或想要了解某些秘密情報時，則可以借助德姆德克的力量。

德姆德克是掌握整個世界所有秘密的精靈，擁有一切事物的知識，同時會幫助心術正的人得知必要的情報。

如果你所做的事對世人有利，則德姆德克一定會讓你領悟到任何秘密。

| SPIRIT（精　靈） | SPELL（咒　語） |
| --- | --- |
| DUMUDUKU | ARATAGIGI |

EMBLEM（紋　章）

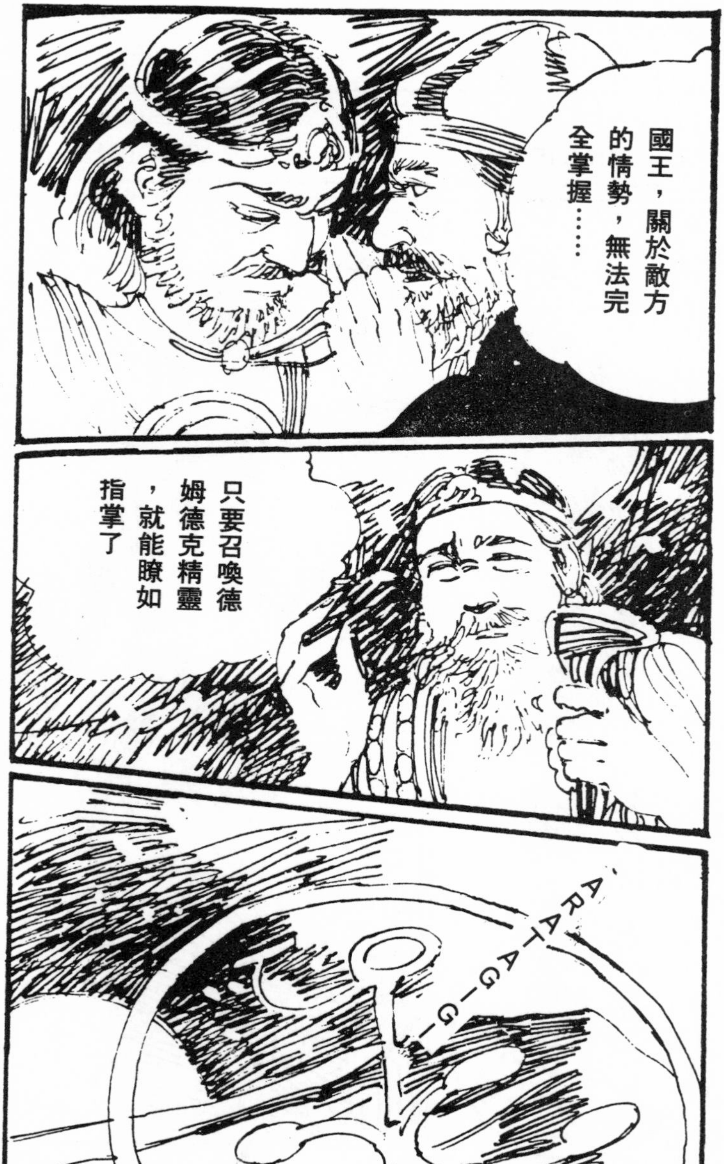
國王，關於敵方的情勢，無法完全掌握……
只要召喚德姆德克精靈，就能瞭如指掌了
ARATAGG

## 召喚法＜秘術＞

**①描繪紋章**

用紅色的奇異墨水筆在白色棉布上畫德姆德克的紋章。

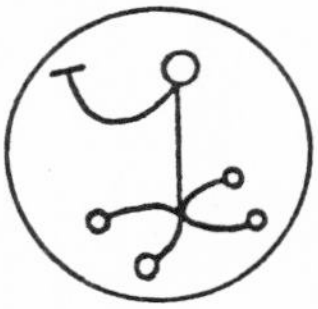

**②作號碼牌**

在畫上紋章的布上綁上帶子，作成好像號碼牌之物。

**③面對夕陽站立**

將②的號碼牌掛在胸前，面對夕陽站立。

**④唸咒語**

唸咒語「ＡＲＡＴＡＧＩＧＩ」，向德姆德克祈禱。

# 產生新構想的秘咒法

精靈

納姆爾

工作V

ネクロノミコン《第九節》

汝、何か新たなるものを創造せんと欲するに、汝の心の中に思い描きしものの姿、現実に形を成さざりて悩みしとき、ナムルの力借りるべし。

ナムルすなわち新たなる創造の知恵を司りし精霊にして、この世にすでに形成するものの知識を与え、未だ形成せざるものの知恵を悟らせたまう神なり。汝、この精霊の力、自らのうちに宿せば、汝の求めし新たなるものの姿現るるなり。

汝、その力借りんと欲すれば、秘なる方術をもって呪文を唱うべし。

諾米空秘咒《第九節》

## ※解說

如果你想製造新的事物或無法產生好的構想時，可以借助納姆爾的力量。

納姆爾是掌握這個世上新知識或情報的精靈，藉著衆神的意志，讓賢者領悟其智慧，能夠不斷地在世上產生新的事物。

如果你的想法或想要製造的東西對世人有幫助，則納姆爾能夠給予你各種智慧，幫助你完成新作品。

| SPIRIT（精　靈） | SPELL（咒　語） |
|---|---|
| NAMRU | BAKAKALAMU |

EMBLEM（紋　章）

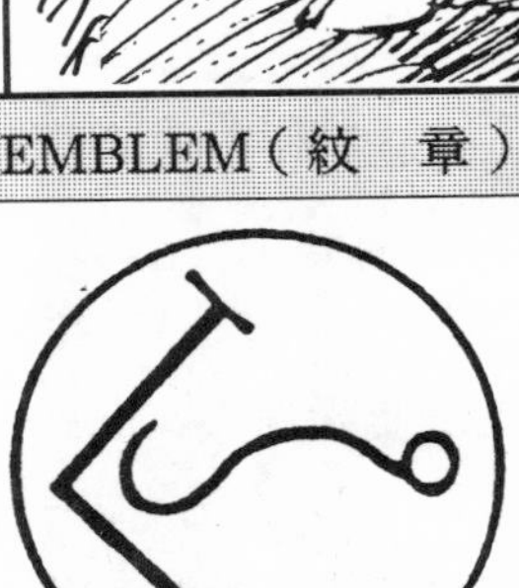

有沒有什麼輕鬆的挑水法呢……
召喚納姆爾精靈，祂一定能給予我們好的智慧……
BAKAKALAMU

## 召喚法＜秘術＞

①描繪紋章

　　在大地排列小石，描繪納姆爾的紋章。

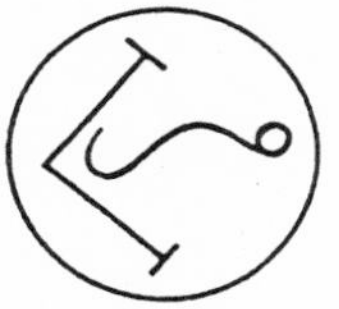

②點燃火燄

　　在紋章的中央擱置柴，點燃柴火。

③面對火站立

　　面對火堆站立，凝視火燄。

④唸咒語

　　唸咒語「ＢＡＫＡＫＡ ＬＡＭＵ」，向納姆爾祈禱。

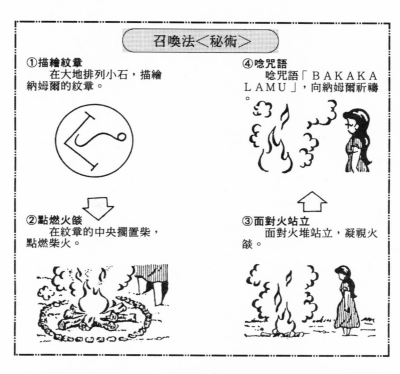

# 第六章 保持健康的秘咒法 7

諾米空秘咒

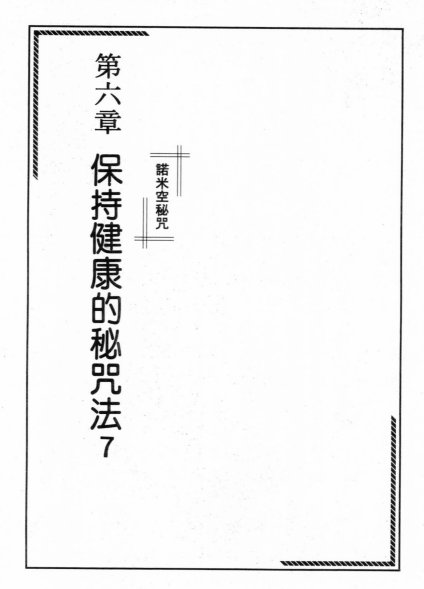

# 使身體強壯的秘咒法

精靈

## 茲爾姆馬

健康 I

ネクロノミコン《第三十五節》

汝、身体弱きて、ささいなることに身体病みたるを悩み、また今以上に身上の健やかたらんを願わば、ズルムマーを呼びて、その力借りるべし。

ズルムマーすなわち大いなる力持ちたる精霊にして、太古の昔からこの地上より天空を持ち上げ、支えたる神と伝うなり。汝、この神に願わば、心身の健やかなることはもちろん、その力十人力と変わるなり。

汝、その力借りんと欲すれば、秘なる方術をもって呪文を唱うべし。

諾米空秘咒《第三十五節》

### ※解說

體弱多病的你希望得到健康，或是希望擁有比現在更為強韌的體力，則可以借助茲爾姆馬的力量。

茲爾姆馬是劃分天上與地上的神，擁有腳踩大地，支撐天上的強韌體力。

召喚這位神，讓其力灌注到你的身上，就能夠使原本孱弱的身心得到鍛鍊，擁有比他人更強大的力量與健康。

| SPIRIT（精　靈） | SPELL（咒　語） |
|---|---|
| ZULUMMAR | ANNDARABAAL |

EMBLEM（紋　章）

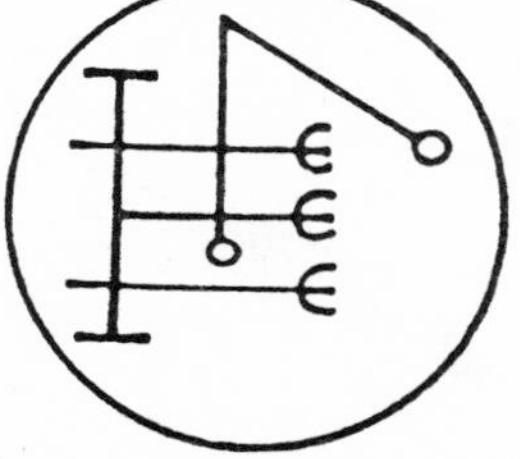

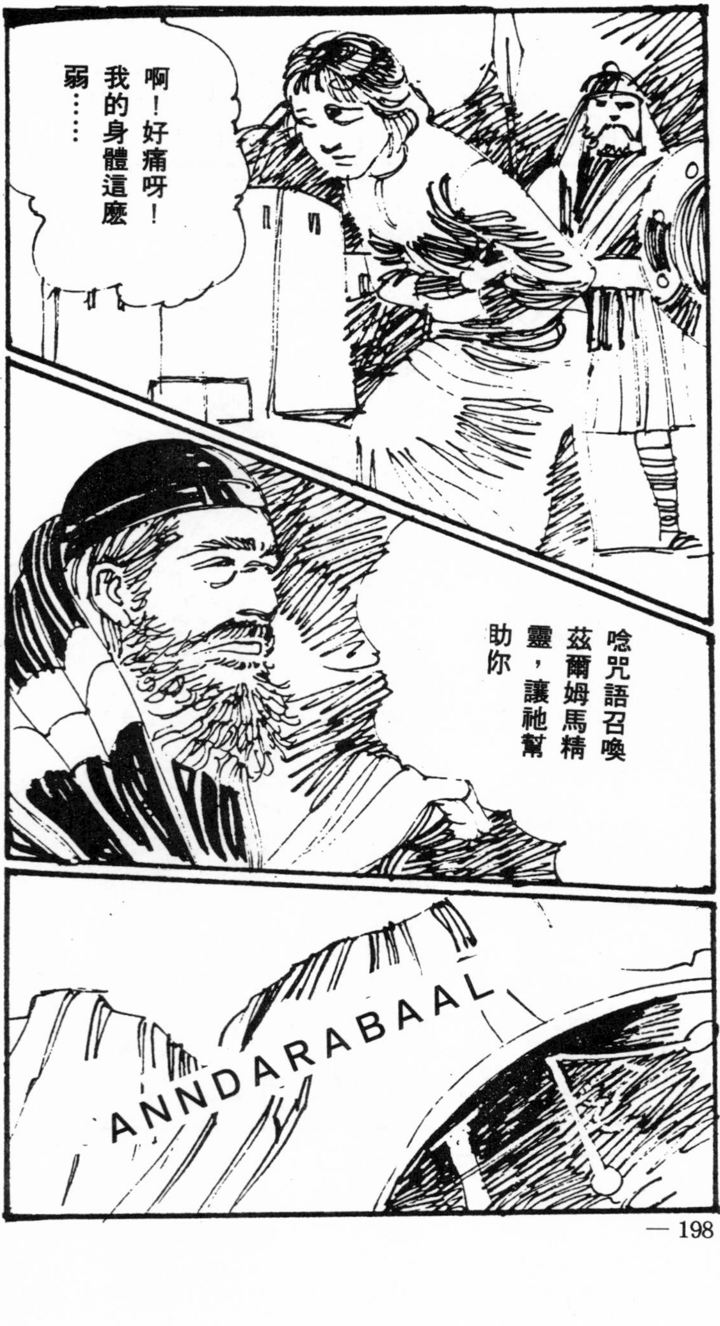
啊！好痛呀！我的身體這麼弱……
唸咒語召喚茲爾姆馬精靈，讓祂幫助你
ANNDARABAAL

## 召喚法＜秘術＞

**①描繪紋章**

在大岩石的南面用金色塗料畫茲爾姆馬的紋章

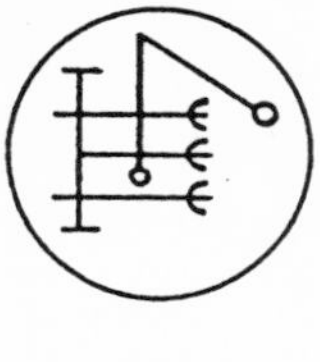

**②爬上岩石**

爬上畫著紋章的岩石，再向南方。

**③深呼吸**

攤開雙手，好像吸入從南方吹過來的風似的，進行深呼吸。

**④唸咒語**

唸咒語「ＡＮＮＤＡＲＡＢＡＡＬ」，向茲爾姆馬祈禱。

# 掌握壽命的秘咒法

精靈

## 艾西茲克爾

健康Ⅱ

> ネクロノミコン《第四十五節》
>
> 汝、自らの寿命知るを願いて、またその知りたるのち、自らの寿命を延ばし、あるいは縮めんと欲すれば、エシズクルの力借りるべし。
>
> エシズクルすなわちこの世のあらゆるものの寿命を握りし精霊なれば、全ての人間、草木は言うに及ばず、神や悪魔に至るまで、その寿命を計り知りたる神なり。汝、この神に願わば、自らの命の限りあるを知りて、また其を延ばすことも可能ならんや。
>
> 汝、その力借りんと欲すれば、秘なる方術を持って呪文唱うべし。

諾米空秘咒《第四十五節》

### ※解說

如果你想要得知自己的壽命，或是想要延長或縮短壽命的話，則可以借助艾西茲克爾的力量。

艾西茲克爾知道存在這個世間所有一切事物的壽命，也是能夠操縱生物壽命的生命神。如果能借助艾西茲克爾的力量，就能夠延年益壽。但是，如果肉體衰退或出現障礙，或因為突發的意外事故等，肉體無法維持其機能時，就無法享有壽命了。

| SPIRIT（精　靈） | SPELL（咒　語） |
| --- | --- |
| ESIZKUR | NENIGEGAL |

EMBLEM（紋　章）

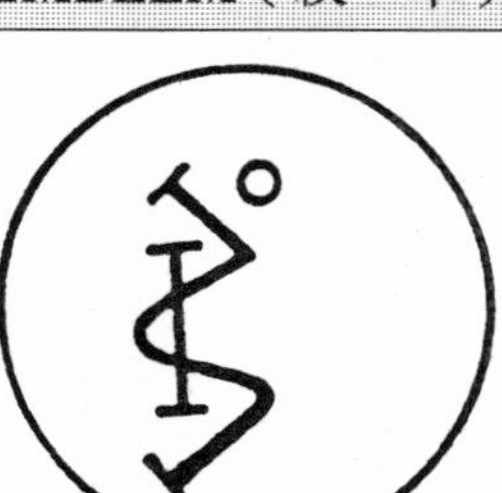

如果再不退燒，可能會有生命的危險
唸咒語召喚艾西茲克爾精靈吧
NENIGEGAL

## 召喚法＜秘術＞

**①在蠟燭上雕刻咒語**

在蠟燭上雕刻魔法文字，於刻好的溝中塗上紅色塗料。

**②描繪紋章**

在木頭上刻艾西茲克爾的紋章。

**③插蠟燭**

在紋章中央插上①的蠟燭，並點燃。

**④唸咒語**

唸咒語「ＮＥＮＩＧＥＧＡＬ」，向艾西茲克爾祈禱。

# 增強性能力的秘咒法

精靈

沙沙

健康Ⅲ

✡ネクロノミコン《第二十八節》

汝、夜のとばり降りて、愛しきものと営みたるに、その力いと衰えんと感じたれば、サーサーの力借りるべし。

サーサーすなわち万物の結合を表したる精霊にして、その昔、破壊の女神、混沌の母ティアマトと闘いて、その内より万物を生みだしたる宇宙の父なり。サーサー、あらゆるものの結合を高めたる神なれば、その力汝に宿りたれば、愛の営み強きものとならん。

汝、その力借りんと欲すれば、秘なる方術をもつて呪文を唱うべし。

諾米空秘咒《第二十八節》

## ※解說

如果你與愛人情投意合，感覺雙方的熱情，或是想要擁有更激盪的熱情時，可以借助「沙沙」的力量。

「沙沙」引導這世間所有事物的結合，是支配其愛的力量的精靈，是控制男女性衝動與能力的神。如果能借助此神的力量，就能夠湧現超越年齡與經驗的強烈熱情，成為營造愛的氣氛的英雄。

| SPIRIT（精　靈） | SPELL（咒　語） |
|---|---|
| SIRSIR | APIRIKUBABAD-AZUZUKANPA |

EMBLEM（紋　章）

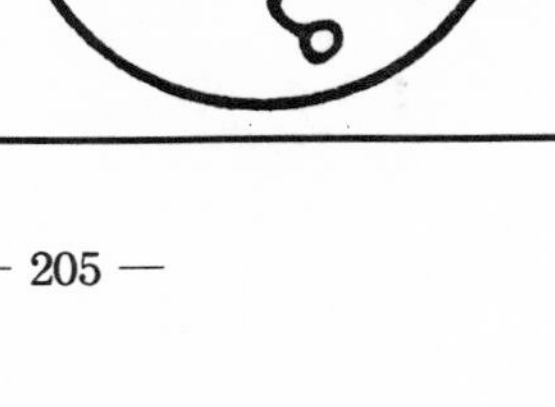

他已經不愛我了……
召喚沙沙精靈吧……
APIRIKUBABADA
NUNUKANPAA

## 召喚法＜秘術＞

**①找出同地生長的樹**

　　找出樹幹分叉同地生長的樹。

**②描繪紋章**

　　割除在樹下的草，以樹為中心描繪沙沙的紋章。

**③撒葡萄酒**

　　在同地生長的樹的分叉點撒紅葡萄酒。

**④唸咒語**

　　唸咒語「ＡＰＩＲＩＫＵＢＡＢＡＤＡＺＵＺＵＫＡＮＰＡ」，撫摸樹的分叉點，傳達願望。

# 使頭腦聰明的秘咒法

精靈　艾帕登

健康 IV

♰ネクロノミコン《第二十五節》

汝、心身疲れて、ものごとの判断力鈍く、思考鋭かざるとき、頭脳明せきたらんと欲すれば、エパドゥンの力借りるべし。

エパドゥンすなわちこの地上における全ての知識をその内に有し、其を求めし者どもに、すみやかにその知識を悟らせたまう神なれば、汝、この精霊に乞い願わば、汝の心のうちに鋭きひらめき起こりて、万物の知識思い描かれるものなり。

汝、その力借りんと欲すれば、秘なる方術をもって呪文唱うべし。

## 諾米空秘咒《第二十五節》

### ※解說

如果你的精神疲倦、焦躁、思考遲鈍，無法做出正確的判斷，則可以借助艾帕登的力量。

艾帕登擁有大地一切的知識，也是能夠傳達知識的學問精靈。此外，艾帕登聞一知十，是具有敏銳洞察力的神。只要借助這個精靈的力量，就能夠擁有洞察事物的能力，頭腦聰明，具有豐富的靈感與構思。

| SPIRIT（精　靈） | SPELL（咒　語） |
|---|---|
| EPADUN | EYUNGINAKANPA |

EMBLEM（紋　章）

哦！頭腦一片
空白，工作沒
有進展

古人都會召
喚艾帕登精
靈
EYUNGINAKANPA

## 召喚法＜秘術＞

**①在器皿中放水**

在陶製的寬廣器皿中放入飲水。

**②描繪紋章**

用銀湯匙在水面描繪艾帕登的紋章。

**③唸咒語**

凝視水面，集中意識唸咒語「E·YUNGINAKANPA」。

**④喝水**

向艾帕登祈禱，並飲盡器皿中的水。

他借助精靈的力量而完成偉大的工作，得到國王的褒獎

# 治療憂鬱的秘咒法

精靈 亞德德

健康 V

## 諾米空秘咒《第四十七節》

✡ネクロノミコン《第四十七節》
汝、心沈みて、気分暗しとき、そのうつたる気持ちを吹き飛ばさんと欲すれば、アドドゥを召喚せしめ、その力を借りるべし。
アドドゥすなわちものごとに感動を与えし精霊にして、この大地の心揺るがして地震を招き、空の星々の心揺るがして星屑を流したる神なり。
汝の心この力宿せば、暗き心感動の渦と変わりて、汝、たちまちゆううつを晴らさん。
汝、その力借りんと欲すれば、秘なる方術をもって呪文を唱うべし。

### ※解說

如果你感到煩惱，心情鬱悶，陷入莫名的憂鬱中時，可以借助「亞德德」的力量。

亞德德是給予心靈感動的精靈，經常會感動大地而引起地震，讓天空的星星感動而出現流星。

因此，借助此精靈的力量，就能感動你那憂鬱沉悶的心靈，讓你對周遭身邊的事物都感覺新鮮，重新擁有開朗的心靈。

| SPIRIT（精　靈） | SPELL（咒　語） |
| --- | --- |
| ADDU | KAKODAMMU |

EMBLEM（紋　章）

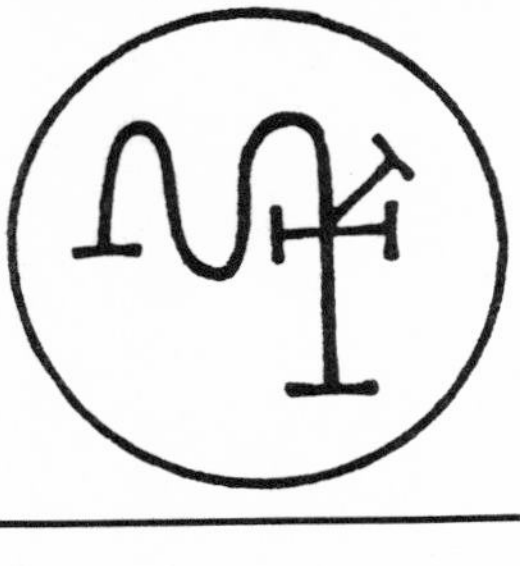

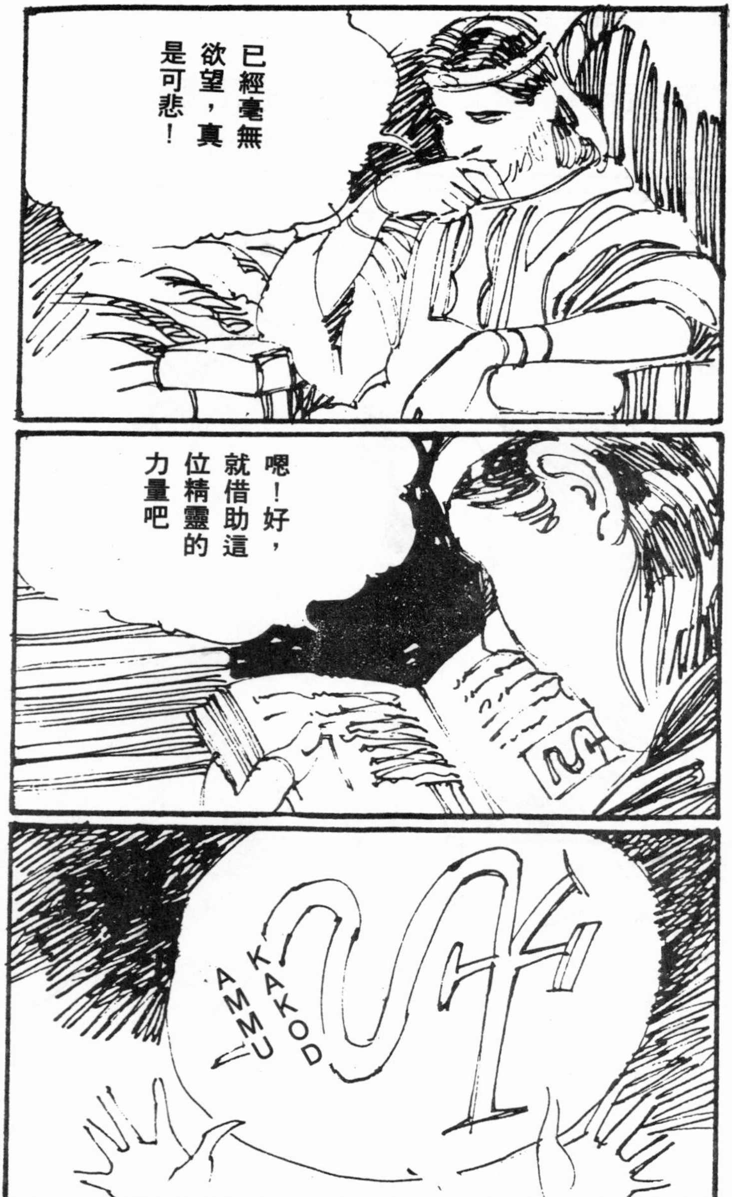
已經毫無欲望，真是可悲！
嗯！好，就借助這位精靈的力量吧
AMMU
KAKOD

## 召喚法＜秘術＞

**①描繪紋章**

用白粉筆在地上描繪亞德德的紋章。

**②進入紋章中**

進入紋章中，用右手依左肩、右肩、額頭、胸的順序畫十字。

**③唸咒語**

唸咒語「ＫＡＫＯＤＡＭＭＵ」。

**④唸咒語**

雙手伸向天空，闔眼，祈求亞德德賜給你力量。

# 逃脫不治之症的秘咒法

精靈

## 馬爾德克

健康 VI

✡ネクロノミコン《第一節》

汝、自らの滅びを悟りて、人事の限りを尽くしたれども力及ばず、いかにてか其から逃れんと欲すれば、神々の王たるマルドゥクの力借りるべし。

マルドゥクすなわち神々の王にして、その力能わざるもの何も無かりせば、汝の滅びを回避したることいかに困難といえども、その叶わざることなし。しかれども神々の王呼ぶは、責任のいと重きことと心して招くべし。

汝、その力借りんと欲すれば、秘なる方術をもって呪文唱うべし。

諾米空秘咒《第一節》

### ※解說

如果你覺悟到自己的壽命縮短，或陷入無助的事態中，則最後的手段就是借助「馬爾德克」的力量。

馬爾德克是秘法衆神之王，擁有絕對的權力，也是支配世上一切的神，沒有任何事情是祂能力所不及的。但是，如果要召喚衆神之主的祂，必須是遇到了其他衆神也束手無策的重大事項。只要遵守此原則，則可借助祂的力量完成任何事情。

| SPIRIT（精　靈） | SPELL（咒　語） |
|---|---|
| MARDUK | DUGGA |

EMBLEM（紋　章）

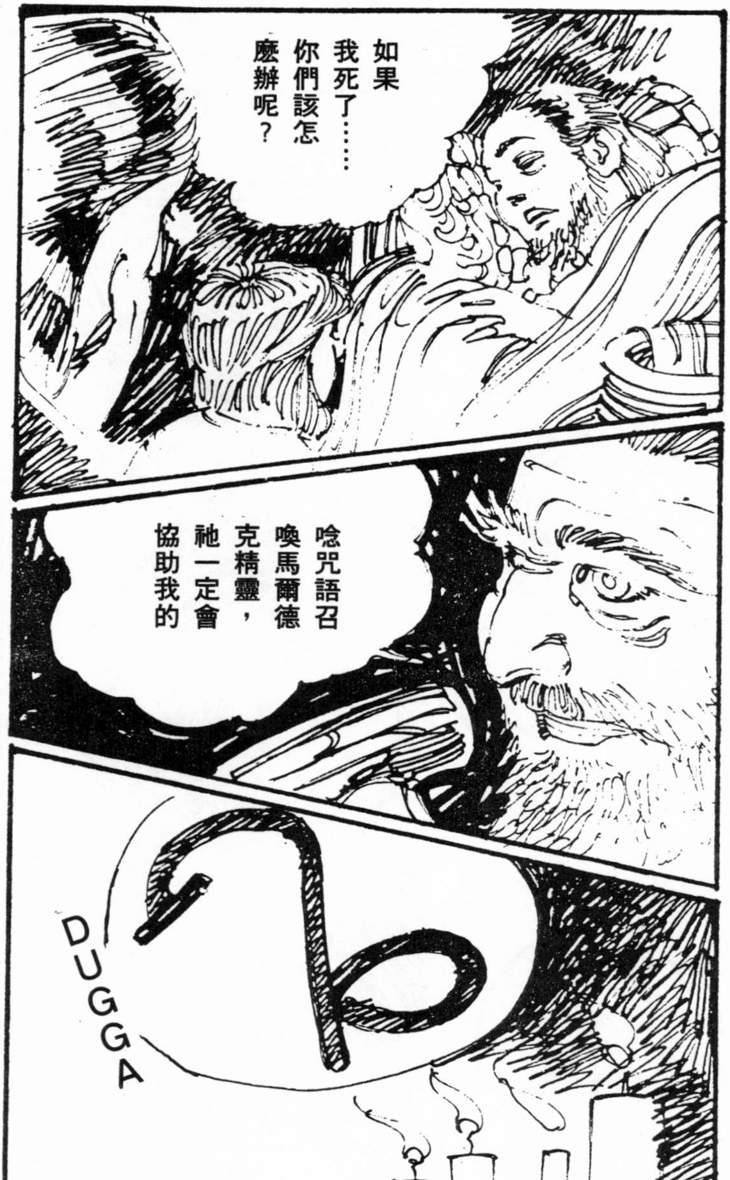
如果我死了……你們該怎麼辦呢？
唸咒語召喚馬爾德克精靈，祂一定會協助我的
DUGGA

## 召喚法＜秘術＞

**①敞開胸膛**

沐浴淨身，打開前襟，露出胸膛。

**②描繪紋章**

看鏡子，使用紅筆在胸前畫馬爾德克的紋章。

**③描繪人形**

用白粉筆在地板上畫人形，在其頭與四肢插上蠟燭，躺在人形上。

**④唸咒語**

閉目，邊祈禱邊反覆慢慢地唸咒語「ＤＵＧＧＡ」。

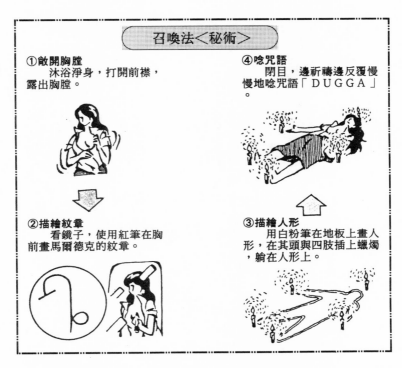

# 奪取他人元氣的秘咒法

精靈

## 札格里姆

健康 VII

✡ネクロノミコン《第二十三節》

汝、遺恨いだきし敵ありて、その者の心身健きを損ない、時をかけてその者の命奪わんと欲すれば、ザーグリムの力借りるべし。

ザーグリムすなわち神々の闘いたるとき、邪悪なる魔神たちの健き力呪いて、その者を弱らせ、打ち倒したる神なれば、汝この神に乞い願わば、汝の敵の精気損ないて、汝なんの手も下さざるとも其を倒したるものなり。しかれどもザーグリムいと危なき精霊なれば、心すべし。

汝、その精霊の力借りんと欲すれば、秘なる方術をもって呪文を唱うべし。

諾米空秘咒《第二十三節》

### ※解說

如果遭遇厲害人物的危害，則可以借助「札格里姆」的力量奪去對方的力量。

札格里姆是能夠奪走所有事物精力的神。昔日在秘法衆神作戰時，因為祂的詛咒而使邪惡之神滅亡。借助祂的力量對敵人詛咒，即使是力量強大的對手，也會漸失元氣而變得孱弱。但是，也可能會置對方於死地，要注意。

| SPIRIT（精　靈） | SPELL（咒　語） |
|---|---|
| ZAHGURIM | MASHTISHADDU |

EMBLEM（紋　章）

每年逢收穫期，村子裡就會出現盜匪
各位，我們該怎麼辦好呢……
對了，可以召喚奪去所有生物精力的精靈出來！
MASHTISHADDU

## 召喚法＜秘術＞

**①在植物的根上寫敵人的名字**

利用白蘿蔔、紅蘿蔔等粗大的植物根寫下詛咒對手的名字。

**②描繪紋章**

在紙上描繪紋章，包在名字上。

**③將根吊起**

利用走廊等通風艮好的陰暗處，將詛咒的根吊起來。

**④唸咒語**

每天唸咒語「ＭＡＳＨ ＴＩＳＨＡＤＤＵ」，等到根乾了之後，投入火中，訴說願望。

# 第七章 操縱自然的秘咒法5

## 諾米空秘咒

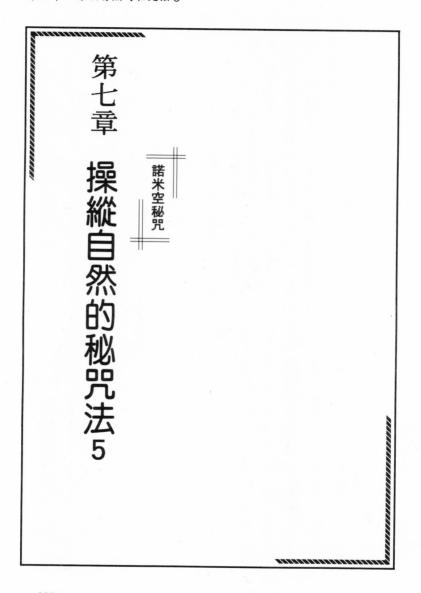

# 召喚死者的秘咒法

精靈

## 納姆提爾拉克

自然 I

✠ネクロノミコン《第八節》

汝、遠き場所に逝きし死せる者の魂をこの世に呼び戻し、これと言葉交わさんと欲すれば、ナムティルラクを召喚せしめ、その許しを乞い願うべし。

ナムティルラクすなわち死者の王国の番人たる神にして、何人もこの神の許しなくして死者の国の出入りを許されざるものなり。汝、愛惜ありて死せる者の魂この世に帰還するを望まば、この精霊の力を乞い願うべし。

汝、その力借りんと欲すれば、秘なる方術をもって呪文唱うべし。

諾米空秘咒《第八節》

### ※解說

如果你想要見已故的朋友或家人，或是想使雙方心意互通時，可以借助「納姆提爾拉克」的力量。

納姆提爾拉克堪稱是死者國的警衛之精靈，任何人沒有得到此神的允許，都不能生或死。因此，借助此精靈之力，能從死者國召喚親友的靈魂回來，或是使你的靈魂進入死者國，與死去的人見面，然後再回到陽世中。

| SPIRIT（精　靈） | SPELL（咒　語） |
| --- | --- |
| NAMTILLAKU | BANUTUKUKUTUKKU |

EMBLEM（紋　章）

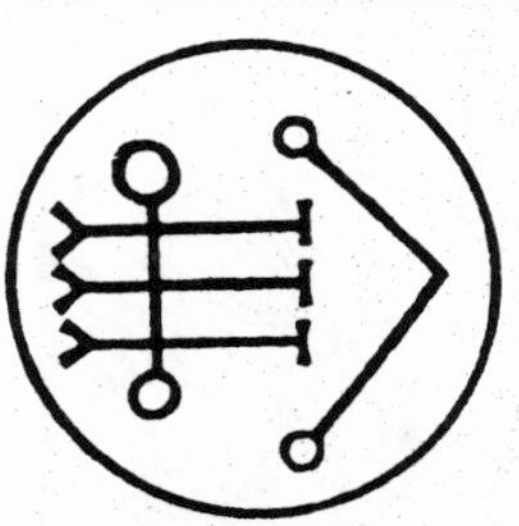

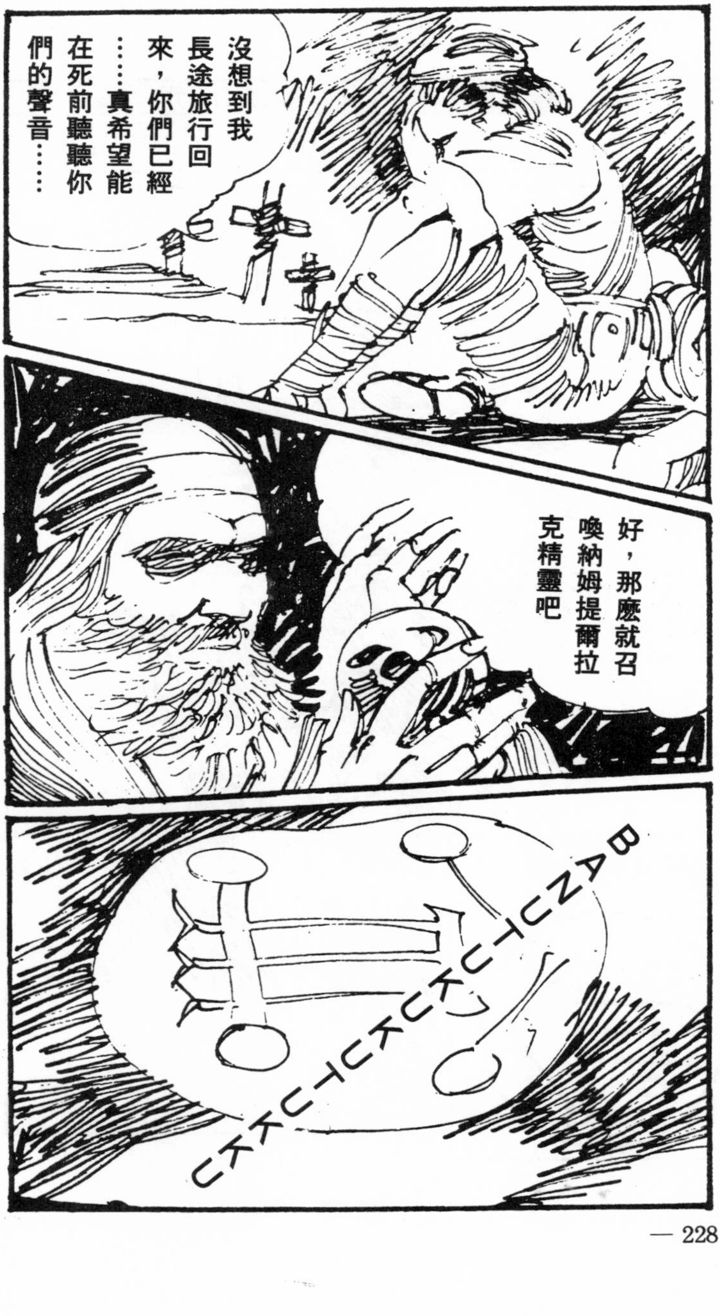
沒想到我長途旅行回來，你們已經……真希望能在死前聽聽你們的聲音……
好，那麼就召喚納姆提爾拉克精靈吧

## 召喚法<秘術>

**①描繪紋章**

在20公分見方大的木板上，用奇異墨水筆畫納姆提爾拉克的紋章。

**②插蠟燭**

在紋章中心插蠟燭，點燃燭火。

**③浮於海上**

選擇沒有風浪的時刻，將插著點燃蠟燭的木板放入海中、河川或湖泊，隨波逐流。

**④唸咒語**

凝視著漂流的木板，唸咒語「BANUTUKUKUTUKKU」，傳達願望。

# 破壞所有事物的秘咒法

精靈

## 札里姆

自然 II

ネクロノミコン《第二十二節》

汝、古き汚れたるものを打破せんと欲するに、その譲り頑強にして、却って自らの身の危うきを感じたれば、ザーリムの力借りるべし。

ザーリムすなわち古きものを破壊して、新しきものの糧となす、輪廻転生の神なり。

ザーリム、汝の憂いたる古き汚れたるものことごとく、その魔力によりて打ちくだき、その古きものの屍の中より、まったく新しい芽を育むなり。

汝、その力借りんと欲すれば、秘なる方術をもって呪文を唱うべし。

諾米空秘咒《第二十二節》

## ※解說

如果你想要打破嚴格的家風，或有害無益的舊思想而進行改格，卻力有不貸時，可以借助「札里姆」的力量。

札里姆是能夠粉碎古代遺物，從中產生新事物，不斷刷新時代，進行輪迴，使時代變動的精靈。

一旦得到札里姆的幫助，就能消除舊的牽絆，使新的事物誕生。

| SPIRIT（精　靈） | SPELL（咒　語） |
| --- | --- |
| ZAHRIM | MASHSHAGARANNU |

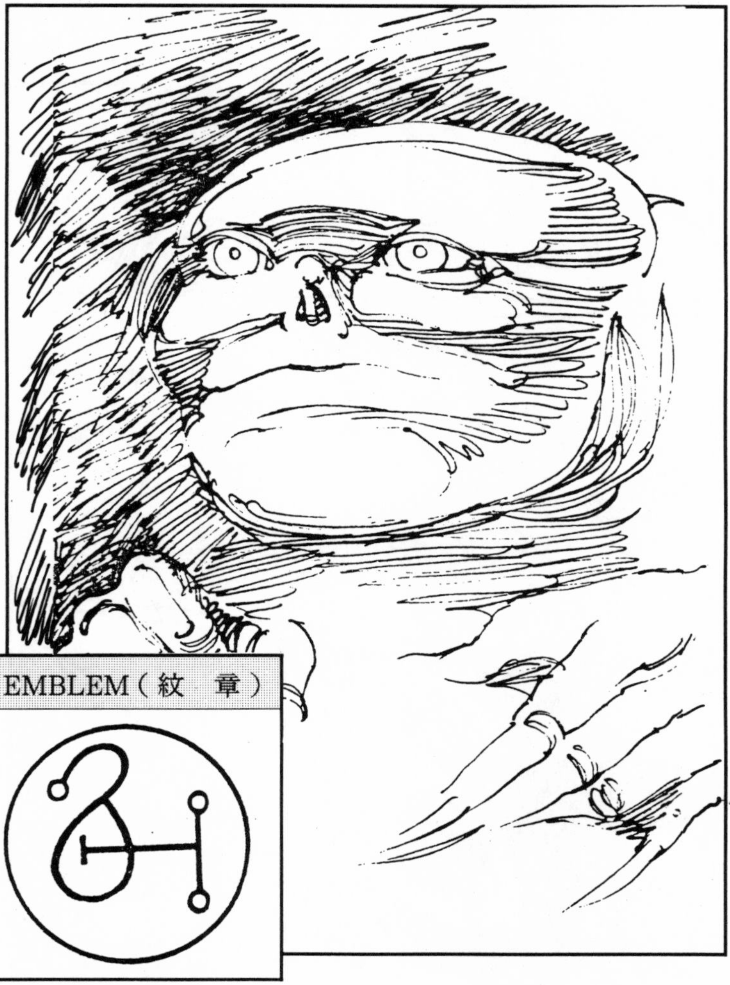

EMBLEM（紋　章）

敵對兩國的男女產生戀情
召喚札里姆精靈，幫助你們得到幸福吧……

## 召喚法＜秘術＞

**①作人形**

用紙作人形，寫下會扯你後腿的人之名。

**②埋人形**

把人形裝在瓶中，將瓶子埋在土中。

**③描繪紋章**

在埋好瓶子的大地上描繪札里姆的紋章。

**④唸咒語**

唸咒語「MASHSHAGARANNU」，向札里姆祈禱。

## 自由操縱水的秘咒法

精靈

**安比魯爾**

自然 III

ネクロノミコン《第二十四節》

汝、渇いたる土地に立ちて、水を得んと欲すれば、エンビルルを召喚せしめ、その力借りるべし。

エンビルルすなわち、水の在りかを悟り、その水を自由に操りし精靈なれば、たとえ山の頂き、砂漠の中に在らんとも、水の在りかを示し、また汝の足元へ、その水を運ぶものなり。

汝、この力借りんと欲すれば、秘なる方術をもって呪文を唱うべし。

されば汝、常に水なきを知らず、渇きをおぼえる能わず。

諾米空秘咒《第二十四節》

### ※解說

如果你在山頂或沙漠中口渴而想得到水時，可以借助「安比魯爾」的力量。

安比魯爾是了解地上所有的水，懂得治水與灌溉的精靈。

能夠給予人類有關水的知識，在必要時，也能夠送水來。

當你因口渴而痛苦，或想要得到水時，祂能幫你達成心願。

SPIRIT（精　靈）

ENBILULU

SPELL（咒　語）

MASHSHANEBBU

EMBLEM（紋　章）

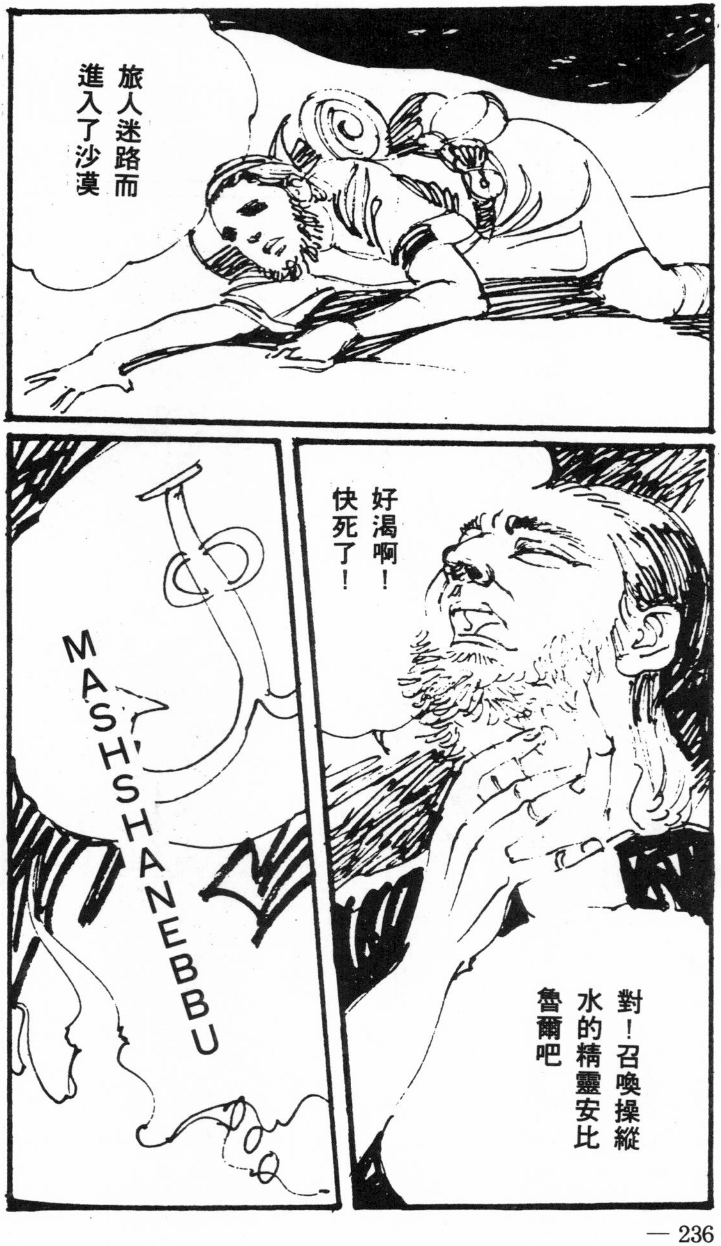
旅人迷路而進入了沙漠
好渴啊！快死了！
對！召喚操縱水的精靈安比魯爾吧
MASHSHANEBBU

## 召喚法＜秘術＞

**①描繪紋章**

在較高處的大地上描繪安比魯爾紋章。

**②堆石頭**

在紋章上堆石頭？好像要蓋住紋章似的（如果沒有石頭，亦可堆成沙山）。

**③凝視影子**

朝堆起的石頭影子伸展的方向凝視。

**④唸咒語**

唸咒語「ＭＡＳＨＳＨＡＮＥＢＢＵ」，向安比魯爾祈禱。

# 求雨的秘咒法

精靈

## 亞基爾馬

自然 IV

ネクロノミコン《第三十二節》

汝、渇いたる土地に雨を降らし、これを潤さんと欲し、また敵なる軍隊、忌まわしき町、作物などを水害によりて滅ぼさんと欲すれば、アギルマの力借りるべし。

アギルマすなわち雨を作りて、いかなる場所にいかようなる雨降らすことも可能なる精霊なり。渇きたる土地に潤いをもたらす穏やかなる雨はもとより、町や軍隊を押し流したる豪雨、作物を荒らしたる雹雨に至るまで操るなり。

汝、その力借りんと欲すれば、秘なる方術をもって呪文唱うべし。

諾米空秘咒《第三十二節》

### ※解說

如果希望天降甘霖，滋潤乾旱的大地，可以借助「亞基爾馬」的力量。

亞基爾馬是支配雨的精靈，在任何地方能夠降雨。如果你希望大地得到滋潤，則可向亞基爾馬傳達願望，希望降下穩定的雨。否則，除了普通的雨之外，也會降下暴風雨，使城鎮遭受水災。

| SPIRIT（精　靈） | SPELL（咒　語） |
| --- | --- |
| AGILMA | MASHSHAYEGURRA |

EMBLEM（紋　章）

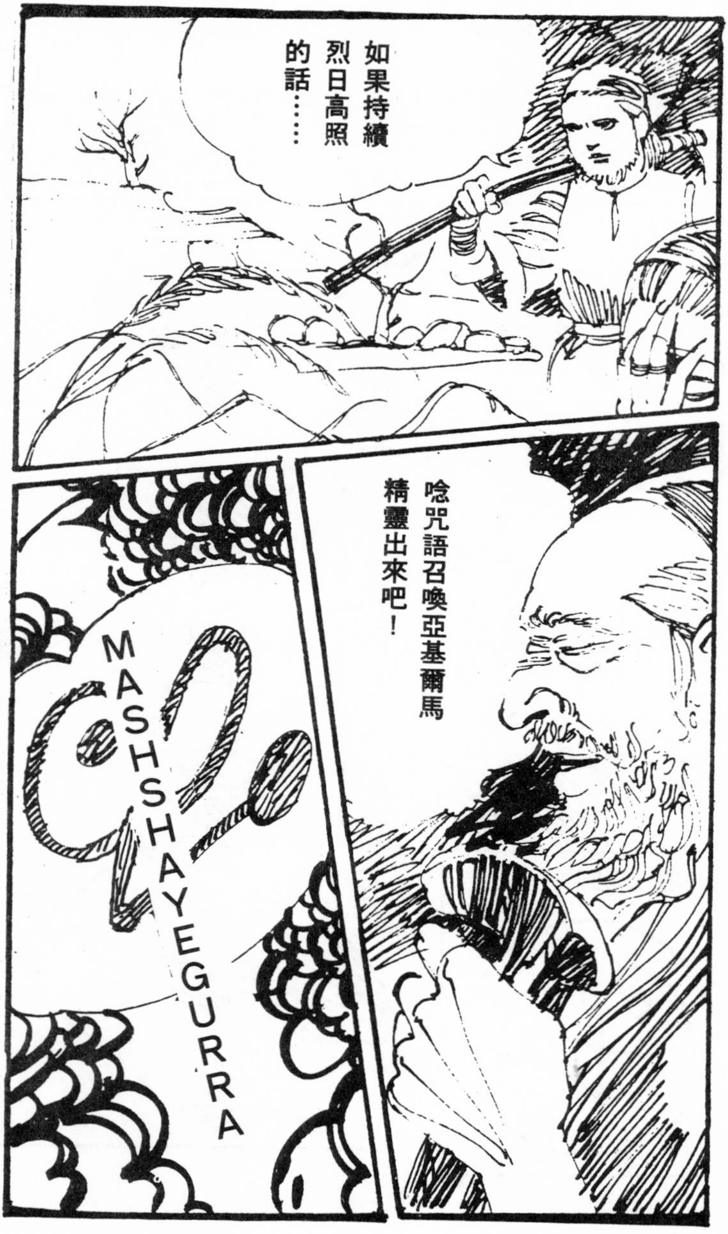

如果持續
烈日高照
的話……
唸咒語召喚亞基爾馬
精靈出來吧！
MASHSHAYEGURRA

## 召喚法＜秘術＞

**①描繪紋章**

在廣大的大地上描繪亞基爾馬的紋章。

**②收集枯草**

用枯草蓋住紋章。

**③點火**

引燃枯草，在紋章中升起火堆。

**④唸咒語**

目光追隨火堆的煙飄散的方向念咒語「MASHS HAYEGURRA」，傳達願望。

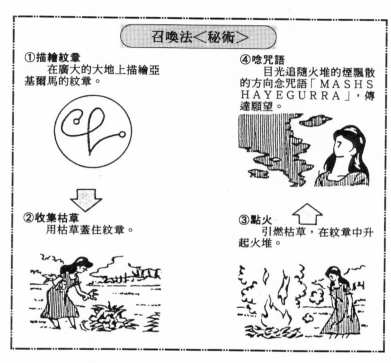

# 使草木順利成長的秘咒法

精靈

## 亞沙爾

自然 V

ネクロノミコン《第十節》

汝、荒れたる土地に緑覆い、豊かなる作物を作らんと欲すれば、アサルを召喚せしめ、その知恵を借りるべし。

アサルすなわち植物の栽培に係わりし精霊にして、植物の成長したるあらゆる知識有する神なり。汝、アサルの知恵かりて行わば、砂漠に黄金の波うねりて、荒涼たる原野、緑覆うなり。

汝、その力借りんと欲すれば、秘なる方術をもって呪文を唱うべし。されば汝、いかなる場所にても作物を得るなり。

諾米空秘咒《第十節》

### ※解說

如果你致力於農耕，開墾荒蕪的大地，想要建立豐饒的農園，可以借助「亞沙爾」的力量。

亞沙爾是與植物的栽培和成長有關的精靈，能給予你一切栽培植物的知識。

即使在荒涼的原野或沙漠的正中央，也能開闢出綠色大地。這就是拜此神之賜，得到智慧與技術所致。

遵從精靈所給予的指示，以其智慧或方法栽培作物，則不論在任何場所，都能得到豐收。

| SPIRIT（精　靈） | SPELL（咒　語） |
|---|---|
| ASARU | BAALPRIKU |

EMBLEM（紋　章）

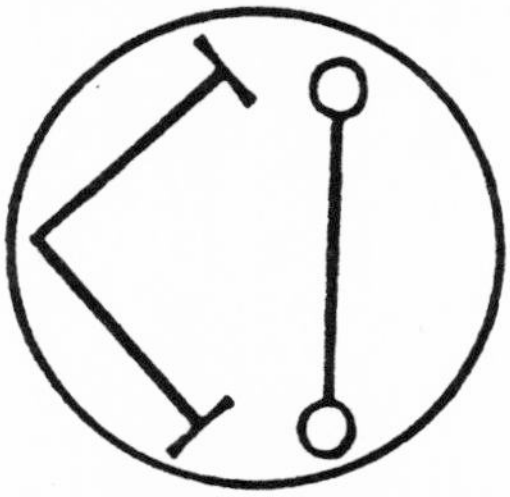

在這荒涼的村莊，難道不能栽種作物嗎……

BAALPRIKU

想到好主意了，可以唸咒語召喚亞沙爾精靈……

## 召喚法＜秘術＞

**①用木頭作手杖**

採摘還不高的小樹，前端留下１株樹芽，剝除樹皮，作成手杖。

**②描繪紋章**

使用①的手杖在打算從事耕種的大地描繪亞沙爾的紋章。

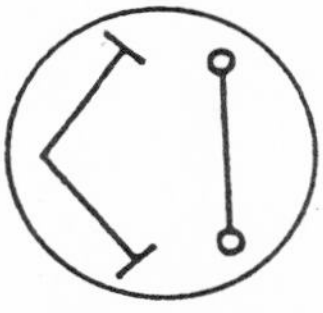

**③唸咒語**

進入紋章中，唸咒語「BAALPRIKU」。

**④揮舞手杖**

邊向亞沙爾祈禱，邊揮舞手杖畫圓。

| 大展出版社有限公司 | 圖書目錄 |
|---|---|

地址：台北市北投區11204
致遠一路二段12巷1號
電話：(02) 8236031
8236033
郵撥：0166955～1
傳眞：(02) 8272069

## • 法律專欄連載 • 電腦編號 58

台大法學院 法律學系／策劃
法律服務社／編著

| | | |
|---|---|---|
| ①別讓您的權利睡著了① | | 200元 |
| ②別讓您的權利睡著了② | | 200元 |

## • 秘傳占卜系列 • 電腦編號 14

| | | |
|---|---|---|
| ①手相術 | 淺野八郎著 | 150元 |
| ②人相術 | 淺野八郎著 | 150元 |
| ③西洋占星術 | 淺野八郎著 | 150元 |
| ④中國神奇占卜 | 淺野八郎著 | 150元 |
| ⑤夢判斷 | 淺野八郎著 | 150元 |
| ⑥前世、來世占卜 | 淺野八郎著 | 150元 |
| ⑦法國式血型學 | 淺野八郎著 | 150元 |
| ⑧靈感、符咒學 | 淺野八郎著 | 150元 |
| ⑨紙牌占卜學 | 淺野八郎著 | 150元 |
| ⑩ＥＳＰ超能力占卜 | 淺野八郎著 | 150元 |
| ⑪猶太數的秘術 | 淺野八郎著 | 150元 |
| ⑫新心理測驗 | 淺野八郎著 | 160元 |

## • 趣味心理講座 • 電腦編號 15

| | | | |
|---|---|---|---|
| ①性格測驗１ | 探索男與女 | 淺野八郎著 | 140元 |
| ②性格測驗２ | 透視人心奧秘 | 淺野八郎著 | 140元 |
| ③性格測驗３ | 發現陌生的自己 | 淺野八郎著 | 140元 |
| ④性格測驗４ | 發現你的真面目 | 淺野八郎著 | 140元 |
| ⑤性格測驗５ | 讓你們吃驚 | 淺野八郎著 | 140元 |
| ⑥性格測驗６ | 洞穿心理盲點 | 淺野八郎著 | 140元 |
| ⑦性格測驗７ | 探索對方心理 | 淺野八郎著 | 140元 |
| ⑧性格測驗８ | 由吃認識自己 | 淺野八郎著 | 140元 |
| ⑨性格測驗９ | 戀愛知多少 | 淺野八郎著 | 140元 |

| | | | |
|---|---|---|---|
| ⑩性格測驗10 | 由裝扮瞭解人心 | 淺野八郎著 | 140元 |
| ⑪性格測驗11 | 敲開內心玄機 | 淺野八郎著 | 140元 |
| ⑫性格測驗12 | 透視你的未來 | 淺野八郎著 | 140元 |
| ⑬血型與你的一生 | | 淺野八郎著 | 160元 |
| ⑭趣味推理遊戲 | | 淺野八郎著 | 160元 |
| ⑮行爲語言解析 | | 淺野八郎著 | 160元 |

## ・婦 幼 天 地・電腦編號16

| | | |
|---|---|---|
| ①八萬人減肥成果 | 黃靜香譯 | 180元 |
| ②三分鐘減肥體操 | 楊鴻儒譯 | 150元 |
| ③窈窕淑女美髮秘訣 | 柯素娥譯 | 130元 |
| ④使妳更迷人 | 成　玉譯 | 130元 |
| ⑤女性的更年期 | 官舒妍編譯 | 160元 |
| ⑥胎內育兒法 | 李玉瓊編譯 | 150元 |
| ⑦早產兒袋鼠式護理 | 唐岱蘭譯 | 200元 |
| ⑧初次懷孕與生產 | 婦幼天地編譯組 | 180元 |
| ⑨初次育兒12個月 | 婦幼天地編譯組 | 180元 |
| ⑩斷乳食與幼兒食 | 婦幼天地編譯組 | 180元 |
| ⑪培養幼兒能力與性向 | 婦幼天地編譯組 | 180元 |
| ⑫培養幼兒創造力的玩具與遊戲 | 婦幼天地編譯組 | 180元 |
| ⑬幼兒的症狀與疾病 | 婦幼天地編譯組 | 180元 |
| ⑭腿部苗條健美法 | 婦幼天地編譯組 | 150元 |
| ⑮女性腰痛別忽視 | 婦幼天地編譯組 | 150元 |
| ⑯舒展身心體操術 | 李玉瓊編譯 | 130元 |
| ⑰三分鐘臉部體操 | 趙薇妮著 | 160元 |
| ⑱生動的笑容表情術 | 趙薇妮著 | 160元 |
| ⑲心曠神怡減肥法 | 川津祐介著 | 130元 |
| ⑳內衣使妳更美麗 | 陳玄茹譯 | 130元 |
| ㉑瑜伽美姿美容 | 黃靜香編著 | 150元 |
| ㉒高雅女性裝扮學 | 陳珮玲譯 | 180元 |
| ㉓蠶糞肌膚美顏法 | 坂梨秀子著 | 160元 |
| ㉔認識妳的身體 | 李玉瓊譯 | 160元 |
| ㉕產後恢復苗條體態 | 居理安・芙萊喬著 | 200元 |
| ㉖正確護髮美容法 | 山崎伊久江著 | 180元 |
| ㉗安琪拉美姿養生學 | 安琪拉蘭斯博瑞著 | 180元 |
| ㉘女體性醫學剖析 | 增田豐著 | 220元 |
| ㉙懷孕與生產剖析 | 岡部綾子著 | 180元 |
| ㉚斷奶後的健康育兒 | 東城百合子著 | 220元 |
| ㉛引出孩子幹勁的責罵藝術 | 多湖輝著 | 170元 |
| ㉜培養孩子獨立的藝術 | 多湖輝著 | 170元 |

| | | |
|---|---|---|
| ㉝子宮肌瘤與卵巢囊腫 | 陳秀琳編著 | 180元 |
| ㉞下半身減肥法 | 納他夏・史達賓著 | 180元 |
| ㉟女性自然美容法 | 吳雅菁編著 | 180元 |

## ・青 春 天 地・電腦編號 17

| | | |
|---|---|---|
| ①A血型與星座 | 柯素娥編譯 | 120元 |
| ②B血型與星座 | 柯素娥編譯 | 120元 |
| ③O血型與星座 | 柯素娥編譯 | 120元 |
| ④AB血型與星座 | 柯素娥編譯 | 120元 |
| ⑤青春期性教室 | 呂貴嵐編譯 | 130元 |
| ⑥事半功倍讀書法 | 王毅希編譯 | 150元 |
| ⑦難解數學破題 | 宋釗宜編譯 | 130元 |
| ⑧速算解題技巧 | 宋釗宜編譯 | 130元 |
| ⑨小論文寫作秘訣 | 林顯茂編譯 | 120元 |
| ⑪中學生野外遊戲 | 熊谷康編著 | 120元 |
| ⑫恐怖極短篇 | 柯素娥編譯 | 130元 |
| ⑬恐怖夜話 | 小毛驢編譯 | 130元 |
| ⑭恐怖幽默短篇 | 小毛驢編譯 | 120元 |
| ⑮黑色幽默短篇 | 小毛驢編譯 | 120元 |
| ⑯靈異怪談 | 小毛驢編譯 | 130元 |
| ⑰錯覺遊戲 | 小毛驢編譯 | 130元 |
| ⑱整人遊戲 | 小毛驢編著 | 150元 |
| ⑲有趣的超常識 | 柯素娥編譯 | 130元 |
| ⑳哦！原來如此 | 林慶旺編譯 | 130元 |
| ㉑趣味競賽100種 | 劉名揚編譯 | 120元 |
| ㉒數學謎題入門 | 宋釗宜編譯 | 150元 |
| ㉓數學謎題解析 | 宋釗宜編譯 | 150元 |
| ㉔透視男女心理 | 林慶旺編譯 | 120元 |
| ㉕少女情懷的自白 | 李桂蘭編譯 | 120元 |
| ㉖由兄弟姊妹看命運 | 李玉瓊編譯 | 130元 |
| ㉗趣味的科學魔術 | 林慶旺編譯 | 150元 |
| ㉘趣味的心理實驗室 | 李燕玲編譯 | 150元 |
| ㉙愛與性心理測驗 | 小毛驢編譯 | 130元 |
| ㉚刑案推理解謎 | 小毛驢編譯 | 130元 |
| ㉛偵探常識推理 | 小毛驢編譯 | 130元 |
| ㉜偵探常識解謎 | 小毛驢編譯 | 130元 |
| ㉝偵探推理遊戲 | 小毛驢編譯 | 130元 |
| ㉞趣味的超魔術 | 廖玉山編著 | 150元 |
| ㉟趣味的珍奇發明 | 柯素娥編著 | 150元 |
| ㊱登山用具與技巧 | 陳瑞菊編著 | 150元 |

## ・健康天地・電腦編號18

| | | |
|---|---|---|
| ①壓力的預防與治療 | 柯素娥編譯 | 130元 |
| ②超科學氣的魔力 | 柯素娥編譯 | 130元 |
| ③尿療法治病的神奇 | 中尾良一著 | 130元 |
| ④鐵證如山的尿療法奇蹟 | 廖玉山譯 | 120元 |
| ⑤一日斷食健康法 | 葉慈容編譯 | 150元 |
| ⑥胃部強健法 | 陳炳崑譯 | 120元 |
| ⑦癌症早期檢查法 | 廖松濤譯 | 160元 |
| ⑧老人痴呆症防止法 | 柯素娥編譯 | 130元 |
| ⑨松葉汁健康飲料 | 陳麗芬編譯 | 130元 |
| ⑩揉肚臍健康法 | 永井秋夫著 | 150元 |
| ⑪過勞死、猝死的預防 | 卓秀貞編譯 | 130元 |
| ⑫高血壓治療與飲食 | 藤山順豐著 | 150元 |
| ⑬老人看護指南 | 柯素娥編譯 | 150元 |
| ⑭美容外科淺談 | 楊啟宏著 | 150元 |
| ⑮美容外科新境界 | 楊啟宏著 | 150元 |
| ⑯鹽是天然的醫生 | 西英司郎著 | 140元 |
| ⑰年輕十歲不是夢 | 梁瑞麟譯 | 200元 |
| ⑱茶料理治百病 | 桑野和民著 | 180元 |
| ⑲綠茶治病寶典 | 桑野和民著 | 150元 |
| ⑳杜仲茶養顏減肥法 | 西田博著 | 150元 |
| ㉑蜂膠驚人療效 | 瀨長良三郎著 | 150元 |
| ㉒蜂膠治百病 | 瀨長良三郎著 | 180元 |
| ㉓醫藥與生活 | 鄭炳全著 | 180元 |
| ㉔鈣長生寶典 | 落合敏著 | 180元 |
| ㉕大蒜長生寶典 | 木下繁太郎著 | 160元 |
| ㉖居家自我健康檢查 | 石川恭三著 | 160元 |
| ㉗永恒的健康人生 | 李秀鈴譯 | 200元 |
| ㉘大豆卵磷脂長生寶典 | 劉雪卿譯 | 150元 |
| ㉙芳香療法 | 梁艾琳譯 | 160元 |
| ㉚醋長生寶典 | 柯素娥譯 | 180元 |
| ㉛從星座透視健康 | 席拉・吉蒂斯著 | 180元 |
| ㉜愉悅自在保健學 | 野本二士夫著 | 160元 |
| ㉝裸睡健康法 | 丸山淳士等著 | 160元 |
| ㉞糖尿病預防與治療 | 藤田順豐著 | 180元 |
| ㉟維他命長生寶典 | 菅原明子著 | 180元 |
| ㊱維他命C新效果 | 鐘文訓編 | 150元 |
| ㊲手、腳病理按摩 | 堤芳郎著 | 160元 |
| ㊳AIDS瞭解與預防 | 彼得塔歇爾著 | 180元 |

| | | |
|---|---|---|
| ㊴甲殼質殼聚糖健康法 | 沈永嘉譯 | 160元 |
| ㊵神經痛預防與治療 | 木下眞男著 | 160元 |
| ㊶室內身體鍛鍊法 | 陳炳崑編著 | 160元 |
| ㊷吃出健康藥膳 | 劉大器編著 | 180元 |
| ㊸自我指壓術 | 蘇燕謀編著 | 160元 |
| ㊹紅蘿蔔汁斷食療法 | 李玉瓊編著 | 150元 |
| ㊺洗心術健康秘法 | 竺翠萍編譯 | 170元 |
| ㊻枇杷葉健康療法 | 柯素娥編譯 | 180元 |
| ㊼抗衰血癒 | 楊啟宏著 | 180元 |
| ㊽與癌搏鬥記 | 逸見政孝著 | 180元 |
| ㊾冬蟲夏草長生寶典 | 高橋義博著 | 170元 |
| ㊿痔瘡・大腸疾病先端療法 | 宮島伸宜著 | 180元 |
| 51膠布治癒頑固慢性病 | 加瀨建造著 | 180元 |
| 52芝麻神奇健康法 | 小林貞作著 | 170元 |
| 53香煙能防止癡呆？ | 高田明和著 | 180元 |
| 54穀菜食治癌療法 | 佐藤成志著 | 180元 |

## •實用女性學講座•電腦編號 19

| | | |
|---|---|---|
| ①解讀女性內心世界 | 島田一男著 | 150元 |
| ②塑造成熟的女性 | 島田一男著 | 150元 |
| ③女性整體裝扮學 | 黃靜香編著 | 180元 |
| ④女性應對禮儀 | 黃靜香編著 | 180元 |

## •校 園 系 列•電腦編號 20

| | | |
|---|---|---|
| ①讀書集中術 | 多湖輝著 | 150元 |
| ②應考的訣竅 | 多湖輝著 | 150元 |
| ③輕鬆讀書贏得聯考 | 多湖輝著 | 150元 |
| ④讀書記憶秘訣 | 多湖輝著 | 150元 |
| ⑤視力恢復！超速讀術 | 江錦雲譯 | 180元 |
| ⑥讀書36計 | 黃柏松編著 | 180元 |
| ⑦驚人的速讀術 | 鐘文訓編著 | 170元 |

## •實用心理學講座•電腦編號 21

| | | |
|---|---|---|
| ①拆穿欺騙伎倆 | 多湖輝著 | 140元 |
| ②創造好構想 | 多湖輝著 | 140元 |
| ③面對面心理術 | 多湖輝著 | 160元 |
| ④偽裝心理術 | 多湖輝著 | 140元 |
| ⑤透視人性弱點 | 多湖輝著 | 140元 |

| | | |
|---|---|---|
| ⑥自我表現術 | 多湖輝著 | 150元 |
| ⑦不可思議的人性心理 | 多湖輝著 | 150元 |
| ⑧催眠術入門 | 多湖輝著 | 150元 |
| ⑨責罵部屬的藝術 | 多湖輝著 | 150元 |
| ⑩精神力 | 多湖輝著 | 150元 |
| ⑪厚黑說服術 | 多湖輝著 | 150元 |
| ⑫集中力 | 多湖輝著 | 150元 |
| ⑬構想力 | 多湖輝著 | 150元 |
| ⑭深層心理術 | 多湖輝著 | 160元 |
| ⑮深層語言術 | 多湖輝著 | 160元 |
| ⑯深層說服術 | 多湖輝著 | 180元 |
| ⑰掌握潛在心理 | 多湖輝著 | 160元 |
| ⑱洞悉心理陷阱 | 多湖輝著 | 180元 |
| ⑲解讀金錢心理 | 多湖輝著 | 180元 |
| ⑳拆穿語言圈套 | 多湖輝著 | 180元 |
| ㉑語言的心理戰 | 多湖輝著 | 180元 |

## •超現實心理講座• 電腦編號 22

| | | |
|---|---|---|
| ①超意識覺醒法 | 詹蔚芬編譯 | 130元 |
| ②護摩秘法與人生 | 劉名揚編譯 | 130元 |
| ③秘法！超級仙術入門 | 陸　明譯 | 150元 |
| ④給地球人的訊息 | 柯素娥編著 | 150元 |
| ⑤密教的神通力 | 劉名揚編著 | 130元 |
| ⑥神秘奇妙的世界 | 平川陽一著 | 180元 |
| ⑦地球文明的超革命 | 吳秋嬌譯 | 200元 |
| ⑧力量石的秘密 | 吳秋嬌譯 | 180元 |
| ⑨超能力的靈異世界 | 馬小莉譯 | 200元 |
| ⑩逃離地球毀滅的命運 | 吳秋嬌譯 | 200元 |
| ⑪宇宙與地球終結之謎 | 南山宏著 | 200元 |
| ⑫驚世奇功揭秘 | 傅起鳳著 | 200元 |
| ⑬啟發身心潛力心象訓練法 | 栗田昌裕著 | 180元 |
| ⑭仙道術遁甲法 | 高藤聰一郎著 | 220元 |
| ⑮神通力的秘密 | 中岡俊哉著 | 180元 |

## •養 生 保 健• 電腦編號 23

| | | |
|---|---|---|
| ①醫療養生氣功 | 黃孝寬著 | 250元 |
| ②中國氣功圖譜 | 余功保著 | 230元 |
| ③少林醫療氣功精粹 | 井玉蘭著 | 250元 |
| ④龍形實用氣功 | 吳大才等著 | 220元 |

| | | |
|---|---|---|
| ⑤魚戲增視強身氣功 | 宮　嬰著 | 220元 |
| ⑥嚴新氣功 | 前新培金著 | 250元 |
| ⑦道家玄牝氣功 | 張　章著 | 200元 |
| ⑧仙家秘傳袪病功 | 李遠國著 | 160元 |
| ⑨少林十大健身功 | 秦慶豐著 | 180元 |
| ⑩中國自控氣功 | 張明武著 | 250元 |
| ⑪醫療防癌氣功 | 黃孝寬著 | 250元 |
| ⑫醫療強身氣功 | 黃孝寬著 | 250元 |
| ⑬醫療點穴氣功 | 黃孝寬著 | 250元 |
| ⑭中國八卦如意功 | 趙維漢著 | 180元 |
| ⑮正宗馬禮堂養氣功 | 馬禮堂著 | 420元 |
| ⑯秘傳道家筋經內丹功 | 王慶餘著 | 280元 |
| ⑰三元開慧功 | 辛桂林著 | 250元 |
| ⑱防癌治癌新氣功 | 郭　林著 | 180元 |
| ⑲禪定與佛家氣功修煉 | 劉天君著 | 200元 |
| ⑳顛倒之術 | 梅自強著 | 元 |
| ㉑簡明氣功辭典 | 吳家駿編 | 元 |

## •社會人智囊• 電腦編號 24

| | | |
|---|---|---|
| ①糾紛談判術 | 清水增三著 | 160元 |
| ②創造關鍵術 | 淺野八郎著 | 150元 |
| ③觀人術 | 淺野八郎著 | 180元 |
| ④應急詭辯術 | 廖英迪編著 | 160元 |
| ⑤天才家學習術 | 木原武一著 | 160元 |
| ⑥猫型狗式鑑人術 | 淺野八郎著 | 180元 |
| ⑦逆轉運掌握術 | 淺野八郎著 | 180元 |
| ⑧人際圓融術 | 澀谷昌三著 | 160元 |
| ⑨解讀人心術 | 淺野八郎著 | 180元 |
| ⑩與上司水乳交融術 | 秋元隆司著 | 180元 |
| ⑪男女心態定律 | 小田晉著 | 180元 |
| ⑫幽默說話術 | 林振輝編著 | 200元 |
| ⑬人能信賴幾分 | 淺野八郎著 | 180元 |
| ⑭我一定能成功 | 李玉瓊譯 | 元 |
| ⑮獻給青年的嘉言 | 陳蒼杰譯 | 元 |
| ⑯知人、知面、知其心 | 林振輝編著 | 元 |

## •精 選 系 列• 電腦編號 25

| | | |
|---|---|---|
| ①毛澤東與鄧小平 | 渡邊利夫等著 | 280元 |
| ②中國大崩裂 | 江戶介雄著 | 180元 |

| | | |
|---|---|---|
| ③台灣・亞洲奇蹟 | 上村幸治著 | 220元 |
| ④7-ELEVEN高盈收策略 | 國友隆一著 | 180元 |
| ⑤台灣獨立 | 森　詠著 | 200元 |
| ⑥迷失中國的末路 | 江戶雄介著 | 220元 |
| ⑦2000年5月全世界毀滅 | 紫藤甲子男著 | 180元 |

## ・運 動 遊 戲・電腦編號 26

| | | |
|---|---|---|
| ①雙人運動 | 李玉瓊譯 | 160元 |
| ②愉快的跳繩運動 | 廖玉山譯 | 180元 |
| ③運動會項目精選 | 王佑京譯 | 150元 |
| ④肋木運動 | 廖玉山譯 | 150元 |
| ⑤測力運動 | 王佑宗譯 | 150元 |

## ・銀髮族智慧學・電腦編號 28

| | | |
|---|---|---|
| ①銀髮六十樂逍遙 | 多湖輝著 | 170元 |
| ②人生六十反年輕 | 多湖輝著 | 170元 |
| ③六十歲的決斷 | 多湖輝著 | 170元 |

## ・心 靈 雅 集・電腦編號 00

| | | |
|---|---|---|
| ①禪言佛語看人生 | 松濤弘道著 | 180元 |
| ②禪密教的奧秘 | 葉逯謙譯 | 120元 |
| ③觀音大法力 | 田口日勝著 | 120元 |
| ④觀音法力的大功德 | 田口日勝著 | 120元 |
| ⑤達摩禪106智慧 | 劉華亭編譯 | 150元 |
| ⑥有趣的佛教研究 | 葉逯謙編譯 | 120元 |
| ⑦夢的開運法 | 蕭京凌譯 | 130元 |
| ⑧禪學智慧 | 柯素娥編譯 | 130元 |
| ⑨女性佛教入門 | 許俐萍譯 | 110元 |
| ⑩佛像小百科 | 心靈雅集編譯組 | 130元 |
| ⑪佛教小百科趣談 | 心靈雅集編譯組 | 120元 |
| ⑫佛教小百科漫談 | 心靈雅集編譯組 | 150元 |
| ⑬佛教知識小百科 | 心靈雅集編譯組 | 150元 |
| ⑭佛學名言智慧 | 松濤弘道著 | 220元 |
| ⑮釋迦名言智慧 | 松濤弘道著 | 220元 |
| ⑯活人禪 | 平田精耕著 | 120元 |
| ⑰坐禪入門 | 柯素娥編譯 | 150元 |
| ⑱現代禪悟 | 柯素娥編譯 | 130元 |
| ⑲道元禪師語錄 | 心靈雅集編譯組 | 130元 |

| | | |
|---|---|---|
| ⑳佛學經典指南 | 心靈雅集編譯組 | 130元 |
| ㉑何謂「生」　阿含經 | 心靈雅集編譯組 | 150元 |
| ㉒一切皆空　般若心經 | 心靈雅集編譯組 | 150元 |
| ㉓超越迷惘　法句經 | 心靈雅集編譯組 | 130元 |
| ㉔開拓宇宙觀　華嚴經 | 心靈雅集編譯組 | 130元 |
| ㉕真實之道　法華經 | 心靈雅集編譯組 | 130元 |
| ㉖自由自在　涅槃經 | 心靈雅集編譯組 | 130元 |
| ㉗沈默的教示　維摩經 | 心靈雅集編譯組 | 150元 |
| ㉘開通心眼　佛語佛戒 | 心靈雅集編譯組 | 130元 |
| ㉙揭秘寶庫　密教經典 | 心靈雅集編譯組 | 130元 |
| ㉚坐禪與養生 | 廖松濤譯 | 110元 |
| ㉛釋尊十戒 | 柯素娥編譯 | 120元 |
| ㉜佛法與神通 | 劉欣如編著 | 120元 |
| ㉝悟（正法眼藏的世界） | 柯素娥編譯 | 120元 |
| ㉞只管打坐 | 劉欣如編著 | 120元 |
| ㉟喬答摩・佛陀傳 | 劉欣如編著 | 120元 |
| ㊱唐玄奘留學記 | 劉欣如編著 | 120元 |
| ㊲佛教的人生觀 | 劉欣如編譯 | 110元 |
| ㊳無門關（上卷） | 心靈雅集編譯組 | 150元 |
| ㊴無門關（下卷） | 心靈雅集編譯組 | 150元 |
| ㊵業的思想 | 劉欣如編著 | 130元 |
| ㊶佛法難學嗎 | 劉欣如著 | 140元 |
| ㊷佛法實用嗎 | 劉欣如著 | 140元 |
| ㊸佛法殊勝嗎 | 劉欣如著 | 140元 |
| ㊹因果報應法則 | 李常傳編 | 140元 |
| ㊺佛教醫學的奧秘 | 劉欣如編著 | 150元 |
| ㊻紅塵絕唱 | 海　若著 | 130元 |
| ㊼佛教生活風情 | 洪丕謨、姜玉珍著 | 220元 |
| ㊽行住坐臥有佛法 | 劉欣如著 | 160元 |
| ㊾起心動念是佛法 | 劉欣如著 | 160元 |
| ㊿四字禪語 | 曹洞宗青年會 | 200元 |
| 51妙法蓮華經 | 劉欣如編著 | 160元 |
| 52根本佛教與大乘佛教 | 葉作森編 | 180元 |

## ・經 營 管 理・電腦編號 01

| | | |
|---|---|---|
| ◎創新經營六十六大計（精） | 蔡弘文編 | 780元 |
| ①如何獲取生意情報 | 蘇燕謀譯 | 110元 |
| ②經濟常識問答 | 蘇燕謀譯 | 130元 |
| ④台灣商戰風雲錄 | 陳中雄著 | 120元 |
| ⑤推銷大王秘錄 | 原一平著 | 180元 |

| | | |
|---|---|---|
| ⑥新創意・賺大錢 | 王家成譯 | 90元 |
| ⑦工廠管理新手法 | 琪　輝著 | 120元 |
| ⑨經營參謀 | 柯順隆譯 | 120元 |
| ⑩美國實業24小時 | 柯順隆譯 | 80元 |
| ⑪撼動人心的推銷法 | 原一平著 | 150元 |
| ⑫高竿經營法 | 蔡弘文編 | 120元 |
| ⑬如何掌握顧客 | 柯順隆譯 | 150元 |
| ⑭一等一賺錢策略 | 蔡弘文編 | 120元 |
| ⑯成功經營妙方 | 鐘文訓著 | 120元 |
| ⑰一流的管理 | 蔡弘文編 | 150元 |
| ⑱外國人看中韓經濟 | 劉華亭譯 | 150元 |
| ⑳突破商場人際學 | 林振輝編著 | 90元 |
| ㉑無中生有術 | 琪輝編著 | 140元 |
| ㉒如何使女人打開錢包 | 林振輝編著 | 100元 |
| ㉓操縱上司術 | 邑井操著 | 90元 |
| ㉔小公司經營策略 | 王嘉誠著 | 160元 |
| ㉕成功的會議技巧 | 鐘文訓編譯 | 100元 |
| ㉖新時代老闆學 | 黃柏松編著 | 100元 |
| ㉗如何創造商場智囊團 | 林振輝編譯 | 150元 |
| ㉘十分鐘推銷術 | 林振輝編譯 | 180元 |
| ㉙五分鐘育才 | 黃柏松編譯 | 100元 |
| ㉚成功商場戰術 | 陸明編譯 | 100元 |
| ㉛商場談話技巧 | 劉華亭編譯 | 120元 |
| ㉜企業帝王學 | 鐘文訓譯 | 90元 |
| ㉝自我經濟學 | 廖松濤編譯 | 100元 |
| ㉞一流的經營 | 陶田生編著 | 120元 |
| ㉟女性職員管理術 | 王昭國編譯 | 120元 |
| ㊱ＩＢＭ的人事管理 | 鐘文訓編譯 | 150元 |
| ㊲現代電腦常識 | 王昭國編譯 | 150元 |
| ㊳電腦管理的危機 | 鐘文訓編譯 | 120元 |
| ㊴如何發揮廣告效果 | 王昭國編譯 | 150元 |
| ㊵最新管理技巧 | 王昭國編譯 | 150元 |
| ㊶一流推銷術 | 廖松濤編譯 | 150元 |
| ㊷包裝與促銷技巧 | 王昭國編譯 | 130元 |
| ㊸企業王國指揮塔 | 松下幸之助著 | 120元 |
| ㊹企業精銳兵團 | 松下幸之助著 | 120元 |
| ㊺企業人事管理 | 松下幸之助著 | 100元 |
| ㊻華僑經商致富術 | 廖松濤編譯 | 130元 |
| ㊼豐田式銷售技巧 | 廖松濤編譯 | 180元 |
| ㊽如何掌握銷售技巧 | 王昭國編著 | 130元 |
| ㊿洞燭機先的經營 | 鐘文訓編譯 | 150元 |

國家圖書館出版品預行編目資料

諾米空秘咒法／馬克・矢崎著，李久霖譯，
——初版——臺北市；大展，民85
面；　公分——（命理與預言；30）
譯自：ネクロノミコン秘呪法
ISBN 957-557-627-6（平裝）

1. 符咒

295　　85007528



ISBN 957-557-627-6

**諾米空秘咒法**

原 著 者／馬克・矢崎
編 譯 者／李 久 霖
發 行 人／蔡 森 明
出 版 者／大展出版社有限公司
社　　址／台北市北投區（石牌）致遠一路二段12巷1號
電　　話／(02) 8236031・8236033
傳　　眞／(02) 8272069
郵政劃撥／0166955－1
登 記 證／局版臺業字第2171號
承 印 者／國順圖書印刷公司
裝　　訂／嶸興裝訂有限公司
排 版 者／千賓電腦打字有限公司
電　　話／(02) 8812643
初　　版／1996年（民85年）9月
定　　價／220元

大展好書 好書大展

大展好書 好書大展

大展好書　好書大展
品嘗好書　冠群可期